Rainer Behrendt

Wir
vom Jahrgang
1944
Kindheit und Jugend

Impressum

Bildnachweis:

Umschlag: ullstein bild – dpa (oben); Lore Rauch, Lich (unten); Archiv Reiner Behrendt (hinten). Innenteil: ullstein bild – ullstein bild: S. 4, 9, 13, 24, 58; ullstein bild – CARE Deutschland e.V.: S. 6 o.; ullstein bild – Constantin Kühne: S. 7; ullstein bild – dpa: S. 10, 16, 17, 18; ullstein bild – Fritz Eschen: S. 14, 28; ullstein bild – Archiv Hahn/Weissberg: S. 19; picture alliance/akg-images: S. 30; picture-alliance/Mary Evans Picture Library: S. 53; 50er-Jahre-Museum Büdingen: S. 6 u., 38 o., 43, 48 o., 57 u. (2), 63 o.; Kulturhistorisches Museum Magdeburg: S. 8; Archiv Reiner Behrendt: S. 11, 32, 38 u., 47, 49; Alliierte Militärbehörde in Deutschland: S. 20; Hans Pfeil, Kaufungen: S. 21; Heinz Öhler, Langgöns: S. 23; Foto Helmut Blecher: S. 25 o.; Sabine Haase, Ronnenberg: S. 25 u.; Wilhelm Busch: S. 27; Archiv Gustav Hildebrand: S. 29, 33, 46, 50; Archiv Eugen Sauter: S. 31, 44, 48 u.; Presse-Bild-Poss, Siegsdorf: S. 34, 35, 39, 60; Archiv Georg Eurich: S. 36; Jenni Heyne, Fuldabrück: S. 40; Klaus Hitzel, Lich: S. 42; Anneliese Hoffmann, Kaarst: S. 45; © SchneiderBuch in der Harper Collins Germany GmbH, Hamburg: S. 51 (2); Ute Poth, Rossdorf: S. 54; bpk/Benno Wundshammer: S. 55; Irmgard Marquart, Gerlingen: S. 56; Christel Pranger, Münster: S. 57 o.; Helmut Glück, Polheim: S. 59; Anke Krieger, Heubach: S. 62; Lore Rauch, Lich: S. 63 u.

Wir danken allen Lizenzträgern für die freundliche Abdruckgenehmigung. In Fällen, in denen es nicht gelang, Rechtsinhaber an Abbildungen zu ermitteln, bleiben Honoraransprüche gewahrt.

Besuchen Sie das 50er-Jahre-Museum
in Büdingen mit seinen unzähligen Exponaten
aus einer spannenden Epoche:

50er-Jahre-Museum e.V.
Auf dem Damm 3
63654 Büdingen

17. Auflage 2024
Alle Rechte vorbehalten, auch die des auszugsweisen
Nachdrucks und der fotomechanischen Wiedergabe.
Gestaltung und Satz: r2 | Ravenstein, Verden
Druck: Druck- und Verlagshaus Thiele & Schwarz GmbH, Kassel
Buchbinderische Verarbeitung: Buchbinderei S. R. Büge, Celle
© Wartberg-Verlag GmbH
34281 Gudensberg-Gleichen • Im Wiesental 1
Telefon: 056 03/9 30 50 • www.wartberg-verlag.de
ISBN: 978-3-8313-3044-7

Liebe 44er!

Die Kindheit und Jugend unseres Jahrgangs 1944 erstreckten sich über die Periode vom Untergang des „Dritten Reiches" bis zur endgültigen Teilung Deutschlands durch den Bau der Berliner Mauer 1961. Wir haben alle Phasen der Aufbaugeschichte der Nachkriegszeit erlebt, aber auch erlitten. Denn wir waren ja noch Kriegskinder und viele mussten zu Beginn ihres Lebens Bombenangriffe, Flucht und Evakuierung über sich ergehen lassen. Unsere frühe Kindheit fiel in eine schwierige Übergangszeit. Sie war durch den Kampf ums Überleben nach dem Zusammenbruch, durch Hamsterkäufe und Schwarzmarktgeschäfte bestimmt. Erst nach der Währungsreform erlebten wir eine allmähliche Normalisierung, aber noch keine Überwindung der Mangelsituation. Danach wurden wir allerdings Schritt für Schritt Kinder des Wirtschaftswunders. Es ging aufwärts: Erst kam die Fresswelle, dann die Bekleidungswelle, dann die Motorisierung und schließlich die Reisewelle. Unsere Jugendzeit war aber auch bestimmt durch die typischen Wertorientierungen der 50er-Jahre, die noch stark in herkömmlichen Vorstellungen von Familie, Erziehung und Moral verhaftet waren.

Erst in den 60er-Jahren, als wir schon Erwachsene waren, setzten sich allmählich neue Ideen durch, mit denen wir uns dann schon als junge Eltern auseinandersetzen mussten.

Der Blick zurück richtet sich auf typische Szenen unseres Alltags in Familie, Freizeit und Schule. Die Bilder und Erinnerungen in dem vorliegenden Band illustrieren den Erlebnisreichtum und die Vielfalt der Spielmöglichkeiten in unserer Zeit.

Rainer Behrendt

Rainer Behrendt

Lumpenpuppe und CARE-Pakete – vom Krieg zum Frieden

Flucht und Vertreibung
aus dem Osten

Der große Treck nach Westen

1944 war das Kriegsjahr, in dem die Verteidigung an der „Heimatfront" begann, denn sämtliche Kampfzonen verschoben sich Richtung Deutsches Reich. Der Luftkrieg hatte schon längst die Grenzen des Landes überschritten und viele Städte waren in Schutt und Asche gelegt worden. Aber nicht nur die überregionalen Zentren waren betroffen: Von Kiel bis Kempten,

Chronik

6. Juni 1944
Mit 6000 Schiffen beginnt in der Normandie die verlustreiche Invasion der Alliierten in Westeuropa. Wegen der Lufthoheit der 14000 alliierten Bomber können die deutschen Einheiten keine entscheidende Abwehr leisten.

20. Juli 1944
Das Bombenattentat der Widerstandsgruppe um Oberst Claus Graf Schenk von Stauffenberg auf Hitler scheitert. Die im Besprechungszimmer der „Wolfsschanze" platzierte Bombe verletzt Hitler nur leicht. Stauffenberg wird erschossen und die meisten Mitglieder der beteiligten Widerstandsgruppen werden gefasst und in den folgenden Monaten hingerichtet.

27. Januar 1945
Die Rote Armee befreit das Vernichtungslager Auschwitz. Über 1,5 Millionen Menschen, vor allem Juden, sind dort durch Giftgas ermordet worden.

13./14. Februar 1945
Britische und amerikanische Flächenbombardements zerstören Dresden fast völlig. Da zahllose Flüchtlinge aus dem Osten durch Dresden ziehen, wird die Zahl der Opfer auf mindestens 35 000 geschätzt.

7. Mai 1945
In Reims (Westfrankreich) unterzeichnen Generaloberst Alfred Jodl und Generaladmiral Hans-Georg von Friedeburg die bedingungslose Kapitulation aller deutschen Streitkräfte. Die Kapitulation tritt am 8. Mai um 23 Uhr 01 in Kraft.

21./22. April 1946
Der Vereinigungsparteitag der KPD und SPD der sowjetischen Besatzungszone zur Gründung der SED findet in Berlin statt.

6. Juni 1946
Die Militärregierung unterzeichnet einen Vertrag mit der US-Hilfsorganisation „Cooperative for American Remittances to Europe" (CARE) zur Unterstützung der deutschen Zivilbevölkerung.

1. Oktober 1946
In den Nürnberger Hauptkriegsverbrecherprozessen erfolgt die Urteilsverkündung.

von Chemnitz bis Mönchengladbach kamen Kinder unseres Geburtsjahres im Bombenhagel um. Die Überlebenden wurden als „Ausgebombte" evakuiert und in die ländlichen Regionen, die zum Glück von direkten Kriegsfolgen verschont geblieben waren, gebracht. Im Osten war der Rückzug der deutschen Truppen in vollem Gange. Die sowjetischen Armeen erreichten bei ihrem Vormarsch Ostpreußen, Pommern und Schlesien. Für die Bewohner der ehemaligen Ostgebiete begann das schreckliche Schlusskapitel von Flucht und Vertreibung. Es waren oftmals gerade die kleinen Kinder und Babys, die auf der Flucht umgekommen waren oder von ihren Eltern und Verwandten getrennt wurden. Manchen der erst wenige Monate alten Kleinkinder unseres Jahrgangs, die ja nicht mal ihren eigenen Namen nennen konnten, hatten die Mütter vorsorglich kleine Pappschilder mit Angaben zur Person umgehängt oder angeheftet. Aber allzu viele gingen ohne jeden Hinweis auf ihre Herkunft verloren.

„Wer bin ich?" Unzählige Fotos von Kindern, deren Identität nur zum Teil bekannt oder aber völlig ungeklärt war, waren dort abgebildet. Der Suchdienst des Deutschen Roten Kreuzes versuchte damals, Familien, die in den Wirren der letzten Kriegsmonate getrennt worden waren, wieder zusammenzuführen. Davon betroffen waren 30 Millionen Menschen.

Noch lange nach dem Krieg konnte man mehrmals täglich am Ende der Nachrichten Suchmeldungen wie die folgende hören: „Gesucht werden Eltern oder Angehörige für Karl Kendritsch oder Kendrisch, angenommenes Geburtsdatum 11. Juni 1939. Karl Kendrisch befand sich als Kind mit seiner Mutter, einem älteren Bruder und einer jüngeren Schwester mit dem Planwagen auf der Flucht. Wegen einer Beinverletzung musste er vermutlich im Sommer oder Herbst 1944 in das Krankenhaus in Oppeln/Oberschlesien eingeliefert werden."

Die CARE-Pakete konnten so manche Ernährungslücke schließen

Notrationen und CARE-Pakete

Babynahrung? Was bedeutete das Wort für unsere Mütter und uns zu Kriegsende und in der Zeit danach? Natürlich haben die meisten Mütter damals ihre Babys gestillt. Aber das war schon aufgrund der Entbehrungen nicht immer möglich. In den Städten herrschte Mangel an allem und die Lebensmittelkarten reichten selten für eine angemessene Versorgung aus. Ab 1946 gab es wenigstens Milchpulver für diejenigen, die eines der berühmten CARE-Pakete bekommen hatten. Aber viele Lebensmittel mussten durch Hamstern besorgt werden. Die Mangelsituation war nicht nur eine dauernde Belastung, sondern auch bedrohlich. Die Unterernährung führte zu Krankheiten und wurde vor allem dann gefährlich, wenn man schon krank war. Zum Glück hatte die katastrophale Not der Kleinkinder nicht ganz Deutschland erfasst. In den ländlichen Gebieten, wo die Grundbedürfnisse immer schon weitgehend durch Selbstversorgung befriedigt werden

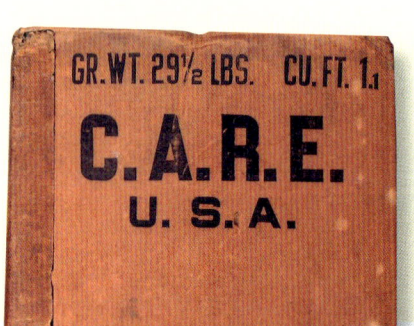

GR.WT. 29½ LBS. CU.FT. 1.1

C.A.R.E.
U.S.A.

konnten, wirkte sich der Zusammenbruch in dieser Hinsicht weniger schlimm aus. Zwar gab es schon seit den Kriegstagen in den bäuerlichen Betrieben die Beschränkungen der Zwangsbewirtschaftung, aber der Eigenbedarf an Milch, Eiern und Fleisch konnte in der Regel problemlos gedeckt werden. Deshalb war die gewohnte Babynahrung, also auch Obst und Gemüse, dort meist hinreichend vorhanden.

Kinder ohne Väter

Der Vater war im Krieg oder in der Gefangenschaft. Erst nach und nach kamen die Soldaten, die in amerikanischen, englischen oder französischen Lagern waren, zurück. Wer aber in russische Gefangenschaft geraten war, musste oft jahrelang warten, bis er nach unendlichen Entbehrungen nach Hause konnte. Die Letzten kamen erst zehn Jahre später, im Jahre 1955. Wir Kinder des Jahrgangs 1944 waren abhängig von einer ganz ungewohnten Arbeitsteilung

Bruder und Schwester – ganz alleine
in der zerbombten Berliner Kurfürstenstraße

in der Familie. Die Mutter musste sich um das Lebensnotwendige kümmern. Sie war zwangsläufig oft unterwegs auf der Suche nach Nahrungsmitteln und Brennmaterialien. Die Geschwister mussten deshalb einen Teil der Versorgung übernehmen. Sobald wir einigermaßen laufen konnten, waren wir immer dabei. Der Bruder erinnert sich noch heute daran, wie er und ein Freund erwischt wurden, als die ganze Bande was ausgefressen hatte. Alle waren stiften gegangen, aber die beiden konnten nicht abhauen, weil sie auf die Kleinen aufpassen mussten.

Die Lumpenpuppe Tina

Die Kuscheltiere der ersten Jahre waren die, die den Krieg überlebt hatten, weil das Flüchtlingskind sie ganz fest gehalten hatte. Oder sie kamen aus dem Teddybär-Vorrat der Familie, von älteren Geschwistern und Verwandten. Oder sie wurden wie die Lumpenpuppe Tina selbst hergestellt. Denn alle Mütter und Großmütter und Tanten der Welt sind wohl erfinderisch, wenn es darum geht, den Kleinsten das Erste, was sie im Dunkeln an sich drücken können, zu besorgen. Alte Stoffreste bildeten das Innere, ein Nylonstrumpf oder ein festes Stoffteil konnte die Außenhülle darstellen, Knöpfe und Stickereien die Augen und Gesichtslinien. Niemand kann behaupten, dass wir diese Puppen weniger liebevoll angenommen hätten als die Kinder späterer Generationen ihre Steiff-Tiere. Sie wurden von uns nicht als Notlösungen erkannt, sondern bildeten zusammen mit dem abgewetzten Stoffhund, der Holzrassel und dem Bakelit-Auto die Welt, die wir am Anfang ohne Scheu vertrauensvoll begreifen konnten.

Not macht erfinderisch: Stoffreste, Garn und viel Geschick brauchte man für die Herstellung der Lumpenpuppen

Ausgebombt

Natürlich war Deutschland nach dem Krieg nicht nur eine Ruinenlandschaft. Viele, vor allem ländliche Gebiete, waren zum Glück unversehrt geblieben. Dort befanden sich auch die Schutzzonen, in die unsere Mütter mit uns aus den bedrohten Ballungsgebieten evakuiert wurden. Aber auch viele Familien, die bereits vom Bombenkrieg betroffen waren und ihr Heim verloren hatten, also „ausgebombt" waren, wie man damals sagte, mussten dort aufgenommen werden. In der letzten Kriegsphase kamen noch viele Flüchtlinge aus den Ostgebieten hinzu. Überall mussten sich die Einheimischen den Wohnraum mit den Ausgebombten und den Flüchtlingen teilen. Eine Familie hatte oft nur einen Wohnraum und musste die Toiletten- und Waschanlagen mit anderen Familien gemeinsam benutzen. Strom und Heizung gab es nicht in ausreichendem Maße und das warme Wasser musste rationiert werden. Platzmangel und Enge bestimmten den Alltag, der zumeist in den Wohnküchen stattfand. Unsere Wiege stand aber mitunter auch in notdürftig reparierten Trümmerhäusern, in Barackenlagern und provisorisch hergerichteten Dachräumen. Und es sollte für viele noch lange dauern, bis es endlich wieder normale Wohnverhältnisse gab.

Die Kinder der Stunde null

Man hat oft von der „Stunde null" gesprochen, wenn es um die unmittelbare Nachkriegszeit ging, in die unser Jahrgang hineingeboren worden ist. Wir waren, so gesehen, die Kinder der Stunde null. Für viele unserer Familien hatte dieses Wort deshalb auch eine sehr konkrete Bedeutung: Sie hatten alles oder fast alles verloren. Für unsere Mütter hieß das, dass sie fast nichts von dem, was Kinder in normalen Zeiten zu Beginn ihres Lebens erwarten können, besaßen. Für viele war es ein Neubeginn in Trümmern. Sie haben improvisiert und organisiert. Das hieß vor allem, dass man viele Dinge, die man nicht beschaffen konnte, selbst herstellen musste, nach dem Prinzip „Aus Alt mach Neu, oder wenigstens neuwertig". So entstand auch manch notwendiges Haushaltsgerät aus den Metallabfällen, die der Krieg überall zurückgelassen hatte. Die Windeln wurden oft aus alten Laken oder anderen Ersatzstoffen hergestellt. Der Not gehorchend wurden auch Spielzeuge aus alten Blechbüchsen, Holz und Metallteilen gefertigt. Allerdings bedeutete die Stunde null, wenn es um die lebensnotwendigen Dinge, um ein Dach über dem Kopf, um Haushaltsgegenstände und Kleidung ging, nicht überall in gleichem Maße einen Neuanfang. Auf dem Lande wurden die Wiege und das Kinderbett wie immer schon von der vorhergehenden Generation übernommen und warme Babykleidung wurde von der Großmutter, die in dem damals noch fast überall anzutreffenden Mehrfamilienhaushalt mitarbeitete, gestrickt. Die Rohstoffe, wie etwa Schafwolle, waren meist in ausreichendem Maße vorhanden.

Leben und spielen
in Ruinen

Hoppe Hoppe Reiter

Wir alle haben Opa geliebt. Er war groß und ging immer kerzengerade durch den Hausflur. Er hatte einen weißen Schnurrbart und eine Engelsgeduld, obwohl wir ihm in den beengten Verhältnissen unmittelbar nach dem Krieg

sicher oft auf die Nerven gegangen
sind. Wenn ich auf seinem Schoß
saß, spielten wir immer Hoppe
Hoppe Reiter. Er wippte mit den
Beinen hoch und runter: „Hoppe
Hoppe Reiter." Dann öffnete er die
Beine und ich plumpste plötzlich
nach unten: „Wenn er fällt, dann
schreit er!" Ich schrie auch wirklich,
obwohl ich doch wusste, dass er
mich sicher halten würde. Beim
nächsten Mal ließ er mich noch
etwas tiefer fallen und sagte: „Fällt er in den Graben, dann fressen ihn die
Raben." Aber bevor der Rabe überhaupt an mich rankommen konnte, hatte er
mich schon hochgehoben und an die Brust gedrückt. „Fällt er in den Sumpf,
dann macht der Reiter plumps." Aber auch vor diesem tiefen Fall wurde ich
natürlich bewahrt.

Opa konnte auch Märchen erzählen. Er brauchte dazu kein Märchenbuch.
Noch schöner waren manchmal die Geschichten, die er selbst erfunden hatte
und die eigentlich nie zu Ende gingen, weil er immer sagte: „Und beim nächsten Mal erzähle ich dir, wie …" Und natürlich war Opa auch über Jahre hinweg
der Weihnachtsmann für das ganze Haus, bis meine Brüder dahintergekom-
men waren, wer wirklich unter der Verkleidung steckte.

Die Nürnberger Prozesse

*Am 20. November 1945 beginnt der
erste der Nürnberger Prozesse gegen
die Hauptkriegsverbrecher des „Dritten
Reiches". Nicht alle können vor Gericht
gestellt werden: Adolf Hitler und Joseph
Goebbels begingen Selbstmord.*

*Am 1. Oktober 1946 werden zwölf der
24 Hauptkriegsverbrecher zum Tode
verurteilt und hingerichtet, unter ihnen
Ribbentrop und Rosenberg. Hermann
Göring entzieht sich dem Henker durch
Selbstmord.*

Eisblumen und Ringelreihen – Spielen in Trümmern und Kälte

„Tri-tra-trullala, der Kasper, der ist wieder da"

„Seid ihr alle da?" „Jaaaaa", schrieen wir, so laut wir konnten. „Tri-tra-trullala, der Kasper, der ist wieder da", rief er in den Raum. Wir haben ihn sofort in unser Herz geschlossen. Er war lustig und frech, er war wie ein guter Freund, zu dem man steht und dem man hilft, wenn er in Not ist. Aber war Kasper denn in Not, brauchte er Hilfe und wie konnten wir ihm denn helfen? Ja, Kasper war in großer Gefahr und merkte es überhaupt nicht. Hinter seinem Rücken geschahen schlimme Dinge: Der Teufel hatte das Krokodil angestiftet, den Kasper zu fressen. Wir hatten es gehört und riefen deshalb aus vollem Halse: „Kasper, pass auf, pass auf!" Und es hat geholfen. Er schlug mit seinem flachen Schlagholz so lange auf das Krokodil ein, bis es sich nicht mehr rührte und mausetot war. Zum Glück hatte Kasper die brave Grete an seiner Seite

Chronik

"Kasperle, pass auf, pass auf!"

4. Januar 1947
Die erste Ausgabe von „Der Spiegel"
erscheint.

5. Juni 1947
US-Außenminister George C. Marshall
fordert ein wirtschaftliches Aufbauprogramm
für Europa und die Einbeziehung Deutschlands durch die USA. Dieses Programm
wird als Marshallplan bekannt.

19.–21. Juni 1948
Die Währungsreform greift durch Einfüh-
rung der D-Mark in den westlichen
Besatzungszonen.

24. Juni 1948
Die Sowjetunion beginnt die Großblockade
der Berliner Westsektoren und erklärt die
Vier-Mächte-Verwaltung Groß-Berlins für
„praktisch beendet". Zwei Tage später
beginnt die britisch-amerikanische
Luftbrücke zur Versorgung Westberlins mit
Waren und Lebensmitteln.

1. August 1948
Die Erstausgabe der Zeitschrift „Stern"
erscheint.

8. August 1948
Der 1. FC Nürnberg wird erster deutscher
Fußballmeister der Nachkriegszeit.

10. Mai 1949
Bonn wird vom Parlamentarischen Rat zur
vorläufigen Bundeshauptstadt gewählt. Von
62 gültigen Stimmen entfallen 33 auf Bonn
und 29 auf Frankfurt/Main.

23. Mai 1949
Mit der feierlichen Verkündung des
Grundgesetzes entsteht die Bundesrepublik
Deutschland. Bundeskanzler Konrad
Adenauer (CDU) sowie der erste Bundes-
präsident Theodor Heuss (FDP), Ludwig
Erhard (CDU), der Vater des „Wirtschafts-
wunders", und die großen Oppositionsfüh-
rer der SPD wie Kurt Schumacher oder
Erich Ollenhauer sowie der Weltbürger
Carlo Schmid schaffen neues Vertrauen in
den deutschen Staat.

12.–14. Oktober 1949
Der Gründungskongress des Deutschen
Gewerkschaftsbundes (DGB) findet in
München statt. Erster Vorsitzender wird
Hans Böckler.

und zum Glück half auch der bärbei-
ßige Polizist, vor dem der Kasper gar
keinen richtigen Respekt hatte, so dass
die Bösen nicht ungestraft ihr Unwesen
treiben konnten. Der Teufel, der Räuber
und die Hexe gaben nie auf und
versuchten immer neues Unheil herauf-
zubeschwören. Wir konnten ja zuhören,
wenn sie hinter dem Rücken von
Kasper ihre hinterhältigen und gemei-
nen Pläne schmiedeten.

Puppenbühnen mit den schönen,
alten Schnitzfiguren gab es damals
überall und wohl alle Kinder gingen
gerne ins Kasperletheater. Und manchmal hatten wir das Gefühl, dass auch
die Großen, die Eltern und die Tanten
aus dem Kindergarten ganz gerne
dabei waren.

Auf Hamsterfahrt

Für die meisten Familien waren die ersten Jahre nach dem Krieg durch einen schweren Überlebenskampf gekennzeichnet. Es ging vor allem um die tägliche Ernährung. Wer Wertsachen besaß, konnte beim Hamstern in der dörflichen Umgebung etwas anbieten. Schmuckstücke konnten im wahrsten Sinne des Wortes „Gold wert" sein. Aus goldenen Ringen und Ketten wurden Eier, Butter, Schinken, Speck. Was man beim Bauern nicht holen konnte, musste man organisieren, denn die Rationen, die man für die Lebensmittelkarten bekam, reichten nicht aus. „Wir gehen in die Pilze", das kennt man heute noch. „Wir gehen in die Blaubeeren", das stammte aus der Zeit, als viele Familien einen Teil ihrer Nahrung sich direkt von Mutter Natur holen mussten. Wir waren zwar erst wenige Jahre alt, aber unsere Arbeitskraft war wertvoll, weil wir uns besser als die Erwachsenen bücken konnten und schnell die Beeren in die kleinen Töpfe oder Feldgeschirre lesen konnten. Am Ende wurde die Ernte in Milchkannen nach Hause gebracht. Im Herbst ersteigerten viele Väter auch einige Apfelbäume, die an der langen Allee, die zu den benachbarten Dörfern führte, standen. In den Bäumen klettern, das machte mehr Spaß. Auch beim Stoppeln mussten alle helfen. Stoppeln, das war die Nachlese. Alles, was die Erntemaschinen übrig gelassen hatten oder was übersehen worden war, konnte man sich holen.

Besonders aufregend war das Sammeln von Bucheckern. In den Wäldern rings um unsere Heimatstadt gab es große Mischwaldbestände mit vielen Buchen, die im Herbst ihre stacheligen Früchte abwarfen. In dem Gehäuse waren die begehrten Bucheckern. Kleine, braune,

Voll bepackte Heimkehrer von einer Hamsterfahrt in überladenen Zügen waren kennzeichnend für die Mangelsituation in den Nachkriegsjahren

dreikantige Schalen, deren Kern ölhaltig war. Überall im Wald konnte man große weiße Bettlaken ausgebreitet sehen, die als Sammelplatz für die entkernten Früchte dienten. Anschließend wurden die Erträge in die Ölmühle gebracht. Aber es gab auch wunderbare Überraschungen, die aus Amerika kamen: CARE-Pakete, die von wohltätigen Bürgern der USA gespendet worden waren. Trocken-milch, Corned-Beef-Dosen, auf denen ein Stierkopf abgebildet war, Büchsen mit Truthahnfleisch und zum ersten Mal in unserem Leben Schokolade.

Nachkriegskleidung: Aus Alt mach Neu

Nie wieder sollte es in der ganzen Nachkriegszeit so kalte Winter geben wie in diesen ersten Jahren nach dem Zusammenbruch und nie wieder waren die Möglichkeiten, sich dagegen zu schützen so eingeschränkt. Es fehlte an allem, was in normalen Zeiten den Winteralltag behaglich oder wenigstens erträglich macht, denn unsere Kleidung bestand aus den üblichen Notlösungen. Die langen Hosen waren aus alten Armeemänteln von der Mutter genäht worden. Aber meistens hatten wir nur kurze Hosen und die Beine wurden durch lange, selbst gestrickte Wollstrümpfe geschützt. Der Widerwille gegen diese Beinbe-kleidung war bei uns allen äußerst heftig. Nicht so sehr, weil wir etwas gegen die Strümpfe hatten, sondern, weil die Art und Weise, wie die Strümpfe festgehalten wurden, ganz und gar nicht unseren Vorstellungen von einem richtigen Jungen entsprachen. Wir mussten nämlich ein Leibchen mit Strumpfhaltern tragen, deren Gummibänder mit den Klemmverschlüssen unsere Oberschenkel „zier-ten". So etwas trugen sonst nur Frauen. Selbstverständlich waren die Strümpfe an den Knieflächen, die besonders strapaziert wurden, ein- oder mehrmals gestopft. Aber auch sonst bestand unsere Kleidung zumeist aus einer bunt zusammengewürfelten Garderobe; vor allem aus Kleidungsstücken, die, wie man damals sagte, umgearbeitet worden waren. „Umgearbeitet", das war der Ausdruck für die Kunst der Mütter, aus Alt Neu zu machen. Neue Kleider gab es vor der Währungsreform eigentlich nur auf dem schwarzen Markt. Der Mangel verbot es, etwas wegzuwerfen und wir Kinder mussten immer wieder die Ermah-nung hören, die Kleider zu schonen. Deshalb musste auch die Lebensdauer der kostbaren Kinderschuhe mit allen Mitteln verlängert werden. Die Sohlen wurden mit breiten Eisennägeln, so genannten Pins, widerstandsfähig gemacht.

Der Schwarzmarkt

Die im Krieg eingeführte Bewirtschaftung aller Konsumgüter wird auch von den Besatzungsbehörden beibehalten. Der Schwarzmarkt wird daher ein wichtiger Faktor des alltäglichen Überlebens in der Nachkriegszeit. Devisen, Schmuck und andere Sachwerte werden dort gegen Nahrungs- und Genussmittel getauscht. „Ami-Zigaretten" werden anstelle der wertlosen Reichsmark zur Ersatzwährung. Vom Fahrradschlauch bis zur komplizierten Maschine ist auf dem Schwarzmarkt fast alles zu bekommen. Man trennt sich von Kostbarkeiten, um einmal wieder Speck zu essen, eine gute Zigarette zu rauchen, sich mit guter Seife zu waschen, ein Stückchen Schokolade zu essen.

Kampf gegen die Kälte: Eisblumen und Kohlenklau

Mit staunenden Kinderaugen haben wir die farnförmigen Blumenranken auf den Scheiben betrachtet: Eisblumen. Es waren Wunderblumen mit Kristallarmen, die sich verästelten und kalte Federn, Fächer, Blätter bildeten.

Der eisige Winter 1946/47 bleibt wegen der mangelhaften Versorgung mit Brennstoffen unvergessen

Man konnte ihre Muster nur Punkt für Punkt auflösen, wenn man die warmen Finger auf die Scheibe presste. An den dünneren Stellen genügte auch schon ein Hauch aus dem kleinen Mund. „Willst du, dass dir die Finger erfrieren", sagte die Mutter. Eisblumen waren ein sicheres Zeichen dafür, dass ein Zimmer gar nicht oder nur leicht erwärmt war. Wer konnte schon alle Zimmer im Frostwinter 1946/47, bei minus 20 Grad, warm kriegen? Vor allem im Schlafzimmer, das ja tagsüber nicht benutzt wurde, war es meistens zu kalt. Wie oft mussten wir ins klamme, kalte Bett klettern, mit wärmendem Pullover und dem wunderbaren Wärmstein mit dem Metallgriff. Manchmal war es auch die Feldflasche mit dem braunen Filzbezug, die Vater aus dem Krieg mitgebracht hatte, oder die Schinkenhägerflasche aus Steingut, die, mit heißem Wasser gefüllt, uns wärmte.

   Vor allem in den Städten hieß Überleben auch, die Kälte zu überstehen. Die Brennstoffkarten reichten selten. Alles Brennbare war wertvoll und man versuchte natürlich, sich in den umliegenden Wäldern Holz zu „besorgen". Vor allem aber brauchte man Kohlen, Kohlen, Kohlen. Aber woher nehmen, wenn nicht stehlen? Alle kannten den „Kohlenklau", nicht selten aus eigener Erfahrung. Die Brennstoffknappheit war in jenen Jahren so verbreitet, dass selbst der damalige Kardinal Josef Frings aus Köln in einer Denkschrift die illegale Beschaffung von Holz und Kohlen als eine lässliche Sünde entschuldigte. Nicht alle besaßen damals auch einen Ofen. Die Behörden mussten noch 1946 dazu aufrufen, überzählige Öfen und Herde gegen Entgelt zur Verfügung zu stellen.

Der Vater kehrt zurück

Eines Tages saß ein fremder Mann in der Küche, unrasiert und in Räuberzivil. Er stellte die Kaffeetasse zurück auf den Tisch, hob uns einzeln hoch und drückte uns an sich. Mama sagte nur: „Das ist euer Vater." Später sagte sie oft: „Es war der 21. Mai 1947. Diesen Tag werde ich nie vergessen." Wir haben mit den anderen Kindern nicht darüber gesprochen. Manche Väter waren zurückgekommen, andere nicht. Viele unserer Spielkameraden haben mit ihren Müttern und Geschwistern vergeblich gewartet oder wussten schon seit den Kriegstagen, dass ihr Vater nie mehr zurückkommen würde. Für uns änderte sich viel. Der Vater war unversehrt. So viel Glück hatten nicht alle gehabt, die zurückgekehrt sind. Er fand bald Arbeit und vieles wurde einfacher. Eine große Belastung war von den Schultern der Mutter genommen. Sie konnte sich wieder mehr um den Haushalt und uns Kinder kümmern. Die alte Arbeitsteilung war wieder hergestellt. Das bedeutete aber auch, dass die wilde Nachkriegsfreiheit von uns Kindern eingeschränkt wurde. Es kam auch ein neuer Ton auf. „Das kannst du doch auf keinen Fall durchgehen lassen", hörte man häufig den Vater zur Mutter sagen, wenn wir etwas ausgefressen hatten. Mama drohte immer öfter: „Wartet nur, bis Vater nach Hause kommt, dann könnt ihr was erleben." Wir wussten nur zu gut, dass das keine leere Drohung war. In vielen Familien gab es damals noch die „neunschwänzige Katze" und andere Instrumente, wie den berühmten Teppichklopfer, mit denen die Kinder zum Parieren gebracht wurden und die vor allem die älteren Brüder im sogenannten Flegelalter zu spüren bekamen.

Für uns alle war es gut, dass, wie die Mutter sagte, endlich wieder ein Mann im Hause war, denn was gab es in dieser Zeit nicht alles zu reparieren und herzurichten und zu kontrollieren.

Nicht alle Männer hatten das Glück, unversehrt zu ihrer Familie zurückkehren zu können

Die Trümmergrundstücke waren trotz
aller Gefahren herrliche Spielplätze

Spielen in der Trümmerwelt

Was von den zerstörten Städten übrig geblieben war und mühsam nach und nach für das Leben nach dem Krieg hergerichtet wurde, die Ruinen und Trümmerlandschaften, war für uns ein aufregender Abenteuerspielplatz. Nirgendwo war ein Schild zu sehen, auf dem „Spielen verboten" stand. Solche wären allerdings, vor allem in der ersten Zeit, bevor alle gefährlichen Stellen abgesperrt waren, vonnöten gewesen. Nur die Erwachsenen wussten wohl, mit welchen Gefahren das Spielen in den ungesicherten Bruchfeldern verbunden war. Immer wieder fanden spielende Kinder explosive Überbleibsel des vergangenen Krieges. Wir waren trotzdem froh, den engen Wohnräumen entfliehen und unkontrolliert unser eigenes Reich erobern zu können. Schon hinter der nächsten Wand waren wir den Blicken der Erwachsenen entschwunden und es begann eine große Entdeckungsreise, denn die Bomben hatten das gewohnte Häuserschema zerstört. Ungeahnte Öffnungen erschienen. Neue Wege und Gänge waren entstanden; an anderen Stellen waren Durchgänge versperrt und erzwangen waghalsige Umwege und Kletterpartien. Aber es gab auch wunderbare Verstecke für eines unserer Lieblingsspiele: „Eins, zwei, drei, vier Eckstein, alles muss versteckt sein. Hinter mir und vor mir … Ich komme." Wir hatten unser Kinder-Revier und Jungen und Mädchen verschiedenen Alters waren zusammen, schon deswegen, weil die Älteren auf ihre

4. bis 6. Lebensjahr

jüngeren Geschwister aufpassen mussten, während die Mütter die vielfältigen Aufgaben, die der Überlebenskampf in den ersten Jahren der Nachkriegszeit verlangte, erfüllen mussten.

Natürlich mussten wir von klein auf helfen. Jede und jeder, so gut es ging. Spielen und Arbeiten waren oft auch kaum voneinander zu trennen und Helfen war in der Notgemeinschaft der Nachkriegszeit selbstverständlich. Auf dem Lande war diese Arbeitsteilung schon immer vorhanden gewesen und auch die Kleinen mussten Aufgaben übernehmen, die ihrem Alter entsprachen.

Währungsreform

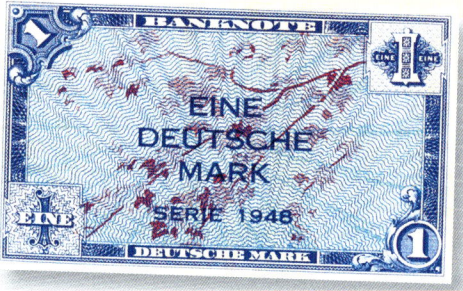

Dem wirtschaftlichen Wiederaufbau stehen vor allem die desolaten Währungsverhältnisse entgegen. Am 18. Juni 1948 wird die Durchführung der Währungsreform bekannt gegeben. Zunächst können nur 40,– DM „Kopfgeld" gegen alte Reichsmark umgetauscht werden. Löhne, Gehälter und Mieten werden 1:1 und Sparguthaben 10:1 umgewertet. Besitzer von Sachwerten gehören deshalb zu den Gewinnern der Reform. Da Preisbindung und Bewirtschaftung entfallen, sind schon am nächsten Tag die Schaufenster mit zum Teil vorher gehorteten Waren prall gefüllt. Der Schwarzmarkt verschwindet spurlos.

„Pack' die Badehose ein"

Heiß war der Sommer 1949. Es war „ein Sommer, wie er früher einmal war". Alle suchten nach einer Abkühlung. Also: „Nimm dein kleines Schwesterlein und dann nichts wie raus an …" Nein, an den Wannsee, wie Anfang der 50er die kleine Cornelia sang, konnten natürlich nur die Berliner fahren. Aber Flüsse, Bäche, Seen, Teiche gab es reichlich im Nachkriegs-Deutschland, und die waren längst noch nicht so zugebaut wie heute. Das war das schönste und billigste Vergnügen, das wir alle fast überall haben konnten. Die älteren Jungen hatten ein Floß aus geflochtenem Schilf oder aus aneinander gebundenen

Ob Fluss, See, Bach oder Teich –
baden konnten wir damals noch fast überall

Kanistern gebaut und fuhren hinaus auf den Fluss. Wir Nichtschwimmer
mussten am Ufer bleiben. Aber da gab es genug Abwechslung. Uns Kleineren
reichten Plantschen im Wasser, das Spritzen und die oder der eine oder
andere versuchte schon mal unter Anleitung der Älteren die ersten Schwimm-
züge. Aber eigentlich waren wir noch keine richtigen Wasserratten, sondern
Uferkinder. Wir konnten Land und Wasser spielend verbinden. Denn das
Wasser brachte unser Kinder-Baumaterial, nämlich den feuchten Sand und
den Schlamm so richtig in Form. Was alles möglich war: Türme, spitze und
runde Gebäude, Tunnel und kleine Sandbunker entstanden am Ufer. Man
konnte sogar Gräben bauen, durch die das Wasser in unsere Höhlen lief und
einzelne Wasseransammlungen stauen und Binnenteiche anlegen. Festes
Baumaterial, Stöcke und Steine waren ausreichend vorhanden.

In den Städten gingen wir oft mit den älteren Geschwistern und am Sonntag
mit den Eltern in das Schwimmbad. In den großen Ferien waren wir fast jeden
Tag dort. Die Älteren mussten immer aufpassen, dass wir am Planschbecken
blieben, was ihnen nicht gefiel, weil sie natürlich lieber mit den anderen auf
den Sprungturm steigen oder herumtollen wollten. Wir hatten meistens eine
große Flasche mit Brause, Butterbrote und gekochte Eier oder auch Kartoffelsalat in einem Einweckglas dabei, denn es lohnte sich natürlich nicht, zwi-
schendurch nach Hause zu gehen. Wenn wir wieder zu Hause waren, mussten
wir sofort unsere schwarzen Füße in der Zinkwanne waschen, denn wir waren
natürlich im Sommer die meiste Zeit über „Barfüßler".

Berlin-Blockade

Wenige Tage nach der Währungsreform in den westlichen Besatzungszonen wird die neue Währung auch in den Westsektoren von Berlin eingeführt. In der Nacht zum 24. Juni 1948 sperren sowjetische Truppen daraufhin die Zufahrtswege nach Westberlin. Durch die Berlin-Blockade sollen die Westmächte gezwungen werden, auf die geplante Gründung eines Weststaates zu verzichten. Doch die Westmächte stellen über eine Luftbrücke die Versorgung Westberlins sicher. Durch den zähen Durchhaltewillen der Westberliner und die Unterstützung der Westmächte scheitert die Berlin-Blockade und wird nach fast einem Jahr im Mai 1949 aufgehoben.

Stille Nacht, heilige Nacht 1949

Nein, große Geschenke gab es auch in diesem Jahr, in dem die Währungsreform stattgefunden hatte und man in den Geschäften schon wieder fast alles kaufen konnte, nicht. Geschenkt wurden vor allem nützliche Dinge wie „Anziehsachen". Man fand einen warmen Pullover oder Unterwäsche auf dem Gabentisch und wertvolleres Spielzeug war oft für mehrere Geschwister bestimmt. Aber ein Fest der Freude war es dennoch, auf das wir schon ab Anfang Dezember vorbereitet wurden. Tag für Tag öffneten wir erwartungsvoll den Adventskalender. Was würde wohl diesmal hinter dem Fenster auf unsere neugierigen Blicke warten? „Eine Muh, eine Mäh, eine Täterätätä", wie die Tante sang. Aber schon am Anfang des Monats fand ein wichtiges vorweihnachtliches Ereignis statt. Denn am 6. Dezember war Nikolaustag. Wir stellten am Vorabend einen Schuh vor die Schlafzimmertüre und schauten am nächsten Morgen sofort nach, was der Nikolaus wohl gebracht hatte. Im Schuh waren ein Tannenzweig, Äpfel und die selbst gebackenen Plätzchen. Es war schon ein klein bisschen wie Weihnachten. Aber noch stand uns eine schwere Prüfung bevor: Im Kindergarten sollte der Knecht Ruprecht kommen und der würde wissen wollen, ob wir wohl alle in dem vergangenen Jahr brav gewesen waren. Als dann am 24. Dezember das große Tor im Adventskalender geöffnet wurde, war es endlich so weit. Weihnachten! Als wir mit der Mutter aus der Kirche kamen, war schon alles vorbereitet. Das silberne Glöckchen erklang und wir durften das Wohnzimmer, das schon Stunden vorher abgeschlossen worden war, betreten. Oh Tannenbaum! Der Vater hatte ihn wie viele andere

Väter auch selbst aus dem Wald geholt und niemand durfte ihn beim Schmü-
cken stören. Jetzt strahlte der Baum im Kerzenschein. An den Zweigen hingen
die wertvollen Kristallkugeln und das silberne Lametta, das Jahr für Jahr
wieder fein säuberlich weggepackt wurde und oben saß die zerbrechliche
Spitze mit dem Kugelbauch. Wir sangen „Stille Nacht, heilige Nacht" und dann
endlich begann die eigentliche
Bescherung. Nach dem Auspa-
cken der Geschenke machten
wir uns über den „bunten Teller"
mit Nüssen, Pfefferkuchen und
Dominosteinen her. Alles musste
gleich probiert werden, obwohl
es doch bald wie jedes Jahr
Kartoffelsalat mit Würstchen
geben würde.

Weihnachten in den Nachkriegsjahren:
ein Fest der Liebe ohne üppige Geschenke

Die Fahrt ins Schokoladenland

Unsere Eltern waren fast noch aufgeregter als wir, als der Bescheid kam. „In
die Schweiz!" Das hörte sich in ihrem Munde so an, als führen wir in ein
Zauberland. Und sie hatten nicht Unrecht. Die Schweiz war ein Zauberland,
vor allem ein Schokoladenland. Nirgendwo Trümmer, alles in Ordnung und
fein sauber und immer gab es Toblerone. Aber die Freude war nicht unge-
trübt, denn noch nie waren wir so weit und so lange weg von zu Hause. Die
drei Monate erschienen uns wie eine kleine Ewigkeit, und selbst im Schlaraf-
fenland haben Kinder wohl manchmal Heimweh. Bei der Abfahrt am Bahnhof

Mit Angst und Neugierde sahen die Kinder
ihrer Verschickung entgegen

war die Aufregung bei den meisten noch größer als der Abschiedskummer.
Denn wir waren ja nicht alleine, sondern viele Kinder fuhren in die „Verschickung" in die Schweiz.

Schon die Zugfahrt war ein Abenteuer. Sie schien endlos zu sein. Und als wir
ankamen, wurden wir in verschiedene Regionen und Orte verteilt, die so
merkwürdige Namen wie Örlikon, Küssnacht und Kanton Uri hatten. Die
Pflegeeltern und deren Kinder sprachen zwar auch unsere Sprache, aber wir
konnten sie dennoch am Anfang kaum verstehen, denn das Schwyzerdütsch
klang in unseren Ohren ganz fremd. Das Wichtigste war aber zunächst, dass
man sich einfach richtig satt essen konnte, und die Pflegefamilie war stolz,
dass wir so viel zunahmen. Deswegen waren wir ja „verschickt" worden. Die
meisten der Pflegekinder haben aber auch zum ersten Male in ihrem Leben so
große, schneebedeckte Berge gesehen, wie es sie nur in den Alpen gibt und
die Ansichtskarten aus dieser Zeit wurden noch lange aufgehoben. Viele
Reisen sollten im späteren Leben noch stattfinden, aber diese blieb den
meisten wohl unvergessen. Die Kontakte zu den Pflegeeltern blieben oft noch
lange erhalten und wir freuten uns über jeden Geburtstagsgruß aus Küssnacht.

Kaufmannsladen und Puppenstube

„Das musst du noch nicht wissen. Das erfährst du, wenn du erwachsen bist", sagten die Eltern oft. Wann aber wird man erwachsen? Vielleicht schon ein bisschen dann, wenn man Erwachsensein spielt. Alle Kinder spielen Vater und Mutter. Alle Mädchen haben Puppen, denen sie eine treu sorgende Mutter sind. Noch mehr Aufgaben der Erwachsenen muss man übernehmen, wenn man eine kleine Puppenstube oder einen Kaufmannsladen besitzt. Woher sollte man in diesen Notzeiten solche schönen Spielsachen bekommen? Am Heiligen Abend waren sie aber plötzlich da. Wir Kinder konnten es kaum fassen.

Woher kamen sie? Wir haben es nie genau erfahren. In vielen Familien wurden sie von Generation zu Generation weitergegeben. Unseren Kaufmannsladen hat der Vater selbst gebaut. In der Vorweihnachtszeit hörten wir ihn abends oft auf dem Boden sägen und hämmern. Aber er wollte uns natürlich nie sagen, was er dort oben machte.

Kaufmannsladen und Puppenstube führten uns spielerisch in die Welt der Großen

Morgens **Schiefertafel** und **Fibel** – mittags **Murmeln** und **Hopse**

Maikäfer flieg'

„Maikäfer flieg', dein Vater ist im Krieg, die Mutter ist in Pommernland. Pommernland ist abgebrannt, Maikäfer flieg'." Auch die Flüchtlingskinder unter uns wussten wohl kaum, wo Pommernland liegt, aber wie man Maikäfer am Fliegen hindert, wussten wir alle. Wir hatten große Zigarrenkisten, die mit Buchenblättern ausgelegt waren und in deren Deckel wir Luftlöcher gebohrt hatten. In diesen Kisten wurden unsere Maikäfer gefangen gehalten. Und wenn sie mal wegfliegen wollten, dann sollten sie gefälligst wie in der Max-und-Moritz-Geschichte in dem Buch von Wilhelm Busch dem Onkel unter die Decke kriechen. Die Mädchen mochten die Krabbeltiere eigentlich weniger gerne und wurden böse, wenn wir sie ihnen heimlich an den Hals setzten. Manche Exemplare gab es häufiger und andere seltener. Laien konnten keinen Unterschied erkennen,

Chronik

8. März 1950
Vor dem Hintergrund des „Kalten Krieges"
beginnt Senator McCarthy in den USA mit
der Jagd auf Kommunisten.

25. Juni 1950
Mit dem Einmarsch in Südkorea löst
Nordkorea den Koreakrieg aus.

18. Januar 1951
Premiere des Films „Die Sünderin" in
Frankfurt/Main. Der Film wird wegen einer
kurzen Nacktszene mit Hildegard Knef zu
einem Skandal.

12. Februar 1951
Die Märchenhochzeit des Schahs von
Persien mit Soraya wird zum gesellschaftli-
chen Ereignis des Jahres.

2. Mai 1952
Bundespräsident Heuss und Bundeskanzler
Adenauer einigen sich auf das Deutsch-
landlied als Nationalhymne. Bei staatlichen
Anlässen soll künftig die dritte Strophe
gesungen werden.

24. Juni 1952
Die erste Ausgabe der „Bild-Zeitung" des
Verlegers Axel Springer umfasst 250 000
Exemplare.

14. November 1952
Inkrafttreten des Betriebsverfassungsgeset-
zes in der Bundesrepublik, in dem die
Mitwirkung und Mitbestimmung der
Arbeitnehmer in privatwirtschaftlichen
Betrieben festgelegt wird.

25. Dezember 1952
Der Nordwestdeutsche Rundfunk nimmt mit
einem zweistündigen Fernsehprogramm
den regelmäßigen Sendebetrieb auf. Am
26. Dezember wird die erste „Tagesschau"
im Fernsehen ausgestrahlt.

2. Juni 1953
Prunkvoll wird in London die Krönungszere-
monie von Elisabeth II. vollzogen.

17. Juni 1953
Der Streik gegen die Normenerhöhung in
Ostberlin weitet sich auf 72 Städte und
zahlreiche Ortschaften in der DDR zum
Aufstand gegen das kommunistische
Regime aus.

Maikäfer gab es jede Menge und nicht nur Max
und Moritz wussten, wie man mit den Krabbeltieren anderen einen Streich spielen kann

aber wir wussten, worauf es ankam. Auf
dem schwarzen Schild im Nacken der
Tiere hatten die feinen Haare eine
unterschiedliche Färbung. An diesem
Merkmal konnten wir genau erkennen,
ob es ein Schornsteinfeger oder ein
Bäcker oder ein König war. Der König
mit der rötlich-goldenen Färbung war
sehr selten und wurde gegen mehrere
Bäcker eingetauscht.

Oh, mein Papa war ein wunderbarer Clown

Es war wieder so weit: Der Zirkus
kommt. In einer langen Reihe kamen
sie durch die Hauptstraße. Ein Rüssel
hielt den Schwanz des Vorgängers und
mit langsamen, schweren Schritten

folgten sie dem ersten Elefanten, auf dem eine silberne Tänzerin mit einem Schild saß: Sarrasani, Althoff oder Krone stand darauf. In den frühen 50er-Jahren hatte die Zirkuswelt ihre große Zeit. „Oh, mein Papa ist eine große Künstler", sang Lyss Assia und wir Kinder wussten, wenn wir auf der Mauer balancierten oder mit den Stelzen die Treppe hoch- und runtergehen konnten, dass die wirklichen Kunststücke im Zirkus gemacht wurden. Dort waren die wirklichen Künstler, die Artisten, wie auf den Plakaten stand. Wir gingen mit den Eltern in die Nachmittagsvorstellung um 15.00 Uhr. Alles war so glanzvoll wie es auf den Plakaten, die in der ganzen Stadt hingen, angekündigt wurde. Livrierte Diener und Platzanweiser empfingen uns und wir gingen durch das mit Lichterketten geschmückte halbdunkle Rund und suchten einen Platz auf den Holzbänken, immer bedacht, das Blickfeld frei von Masten zu halten. Schon ging es los. Die Kapelle spielte einen Tusch und der Direktor im Frack und mit Zylinder begrüßte das „Hochverehrte Publikum". Dann ging es Schlag auf Schlag. Eine Sensation folgte der anderen. „Hoch auf dem Seil": Ein „Dreifacher" wurde angekündigt. Wir hielten den Atem an. Aber da kamen schon die Clowns mit dem großen weißen Mund, der Melone, aus der oben immer

wieder ein Wasserstrahl schoss, den übergroßen Schlappschuhen und den missglückten Sprüngen, die mit einer Bauchlandung endeten. Einer war immer der Dumme und wir lachten voll harmloser Schadenfreude. Aber nicht lange, denn schon stürmten die weißen Pferde mit wunderbarem Zaumzeug und weißem Kopfschmuck herein, teilten sich am Eingang in zwei Reihen und galoppierten parallel durch das Rund, bis sie sich schließlich auf den Hinterhufen tänzelnd und der erhobenen Peitsche der Dame in Schwarz folgend, in der Mitte der Arena trafen.

„Der Zirkus kommt" –
Clowns beim Training

Dann, nach der Pause, wieder atemlose Stille. Die livrierten Diener hatten schon die Schutzzäune rund um die Arena aufgestellt: da kamen sie durch die Laufgitter, die Raubkatzen, schnell und geschmeidig, und verteilten sich teils widerstrebend auf den aufgestellten Podesten, getrieben von den Befehlen und den Stöcken des Dompteurs. Würde er wirklich seinen Kopf in den aufgerissenen Rachen des Löwen halten, wie uns die Freunde erzählt hatten? Wir wollten bleiben, als das Licht zum letzten Mal anging und die Kapelle „Auf Wiedersehen" spielte. Ende? Aber die Eltern beruhigten uns. „Wir gehen doch im nächsten Jahr wieder hin."

Du hast gewonnen

Mit der Schulzeit begann für die Jungen die Zeit des Kräftemessens. Allerdings meist weniger leidenschaftlich im Kampf um bessere Noten als vielmehr um Anerkennung durch außerschulische Leistungen. Es ging darum, wer am besten balancieren konnte, wer am mutigsten war und als Letzter weglief, wenn beim spätabendlichen Friedhofsbesuch das Grauen ausbrach und die Horde loslief. Wer kam als Erster an, wenn einer rief: „Bis zu dem roten Schild", und losstürmte? Wer konnte am längsten unter Wasser bleiben und die Luft anhalten, wer konnte den flachen Stein so übers Wasser werfen,

Prügeleien waren damals ein selbstverständlicher Bestandteil des Jungenalltags

dass er in kleinen Sprüngen weit in den See hinauslief? Und wer war der Stärkste? Das wurde oft genug im Kampf „Mann gegen Mann" entschieden. Es gab tausend Gründe für eine Klopperei (die Lehrer sprachen immer beschwichtigend von Rauferei). Manchmal genügte schon eine kleine Rempelei oder eine vermeintliche Beleidigung oder auch nur der Zorn über eine als ungerecht empfundene Note. Die Gruppe stand um die beiden Kampfhähne herum und feuerte ihren Favoriten an. Wer am Boden lag, die Arme seitwärts nach außen gestreckt und die Knie des Gegners auf den Oberarmmuskeln hatte, musste dem anderen wohl oder übel zu verstehen geben: „Du hast gewonnen", und die Gruppe achtete streng darauf, dass dem Unterlegenen kein weiteres Leid zugefügt wurde. Nun ging es nur noch darum, sich zu Hause nichts anmerken zu lassen. Oft war der Versuch vergeblich. Die Mutter sagte: „Wie siehst du denn aus?" Und dann etwas besorgter: „Leg' dich lang hin, halte den Kopf nach hinten und leg ein Kissen unter den Nacken. Dann hört das Nasenbluten wieder auf." Der Vater sagte nur: „Hast du etwa verloren?" Oder: „Hauptsache, du hast dich richtig gewehrt!" Oder: „Beim nächsten Mal gewinnst du, klar?"

„Grün ist die Heide" und Heidi

Der Kinobesuch gehört in den 50er-Jahren zu den beliebtesten Freizeitbeschäftigungen. Der Werbeslogan „Mach' dir ein paar schöne Stunden – geh' ins Kino" spiegelt die ausgeprägte Sehnsucht der Wiederaufbaujahre nach einer heilen Welt wider. Zu den populärsten Filmgattungen zählt der Heimatfilm, der dem Zuschauer idyllische Wälder statt zerbombter Städte präsentiert. Großer Kassenschlager wird die erste deutsche Farbproduktion „Grün ist die Heide" (1951) mit den Publikumslieblingen Rudolf Prack und Sonja Ziemann.

Die Kinderherzen werden 1952 mit der Verfilmung des Erfolgsbuches „Heidi" und den Zeichentrickfilmen von Walt Disney wie „Bambi" und „Alice im Wunderland" erobert.

An der Ecke steht ein Schneemann

Schnee war damals ein zuverlässiges Geschenk der Natur, so wie die Sonne in der Badesaison. In jedem Winter – oder täuscht da die Erinnerung? – konnte man Schlitten fahren und auf das Eis gehen und Schneeballschlachten gab es an jeder Ecke und in jeder Pause. Ebenso stand an der Ecke der „Schneemann, den die Kinder dort gebaut" hatten (und der, wie es im Schlager hieß, weggetaut war, weil er das Fräulein Lehmann so heiß geliebt hatte). Er trug natürlich nicht immer einen richtigen Hut, denn so viele Hüte konnte man schwer beschaffen, sondern einen alten Eimer als Kopfbedeckung. Aber die Kohlenaugen fehlten ebenso wenig wie die Rübennase und die Steinknöpfe auf seinem kalten Bauch.

Einen Schlitten hatten die meisten von uns, denn der war ein beliebtes Weihnachtsgeschenk und in vielen Familien übernahm man ihn von den älteren Geschwistern. Es gab steile Abfahrten und wagemutige Abfahrer. Die Jungen hatten einen Riesenspaß, wenn sie den Mädchen absichtlich in die Bahn fuhren, sie zum „Entgleisen" brachten und viele zum Glück meist harmlose Stürze verursachten. Sie fuhren oft auf dem Bauch liegend dicht hintereinander und oft hatten sie sogar bis zu zehn Schlitten aneinandergebunden. Gefährlicher waren die Stürze auf der Eisbahn, über die man hintereinander rutschte. Hier hing alles von der Fähigkeit ab, die Balance halten zu können. Und wehe, man fiel nach hinten, das gab nicht nur blaue Flecken, sondern auch manch schmerzhafte Verstauchung des Steißbeins.

Noch gefährlicher war allerdings der Versuch auszuprobieren, ob das Eis schon trägt, denn immer wieder hörten wir von schlimmen Unfällen. Wenn das Eis aber freigegeben war, konnte man Schlittschuh laufen und Eishockey spielen. Dazu genügten Stock und Stein als Schläger und Puck. Die Mädchen übten ihre Pirouetten und manche dachten an große Vorbilder wie Marika Kilius.

Schultüte – Wundertüte

Schule? Wir konnten es gar nicht erwarten. Wir wollten auch sofort in die Schule gehen, als wir die wunderbaren Schultüten sahen, die unsere Geschwister am ersten Schultag bekamen. Sie sahen wirklich aus wie Wundertüten, deren Inhalt man von außen nie erraten konnte, weil sie zwar bunt, aber auch steif und fest verschlossen waren. Aber was war in der Schultüte? Nun, wir haben es selbst erfahren, als es für uns so weit war. Oben lagen die Karamellbonbons, mit denen man uns die Sache versüßen und uns wohl trösten wollte wegen des ersten Abschiedes von Zuhause. Aber darunter lagen die Werkzeuge, wie die Griffel und Schwämmchen, die auf die neuen Pflichten verwiesen.

Das galt auch für die Schulspeisung, die es auch zu Anfang unserer Schulzeit noch in vielen Schulen gab. Sie war häufig weit weniger verlockend als die Süßigkeiten in der Schultüte: Grieß-Speise mit Fruchtsirup, Erbsensuppe aus der Erbswurst von Knorr, aber auch Kakao und die geliebten Dampfnudeln, die aussahen wie riesige Hamburger-Brötchen, aber besser schmeckten.

Der Ernst des Lebens beginnt mit einer süßen Überraschung

Was war 1951 in unserem Schulranzen?

Wenn es um die Einrichtung der Schulklassen und das, was man im Ranzen mitbringen musste ging, konnte man zu Beginn der 50er-Jahre von einer Einheitsschule sprechen. Der Lehrer saß erhöht auf seinem Katheder und

Eilt euch! Wer zu spät kommt …

wenn man nach vorne kommen musste, war man noch viel kleiner, als man ohnehin schon war. Die hölzernen Schulbänke hatten jeweils zwei Klappsitze, die meist mit Metallstreben fest mit dem Pult verbunden waren. In die Klapppulte waren Tintenfässer eingelassen, in die man seinen Federhalter tunken konnte. Die Federhalter waren hölzerne Stifte, die vorne mit einer kleinen Metallfassung abgeschlossen waren, in die man die Schreibfeder hineinschieben musste. Sie erinnerten in ihrem Aussehen wirklich an die Federkiele, die von den Schreibern mit Perücke in den historischen Filmen benutzt wurden. Aber wir mussten keinen Sand auf die nasse Schrift schütten, sondern konnten ein Löschblatt benutzen. Erst einige Jahre später gab es dann den „Füller" mit dem kleinen Tintentank, in den man genügend Tinte für einen ganzen Aufsatz füllen konnte. Dazu gab es die Tintenfässer von Pelikan. Aber bevor man mit einem Federhalter in einem Heft schreiben konnte, musste man in den unteren Klassen auf der Schiefertafel, auf der man noch die Schreibspuren der älteren Geschwister erkennen konnte, üben. Dazu brauchte man einen Schiefergriffel, so lang, aber nur halb so dick wie ein Bleistift, mit dem man schreiben und auch quälende Kratzgeräusche erzeugen konnte. Die Griffel bewahrte man in

einem Holzkästchen mit einem Schiebedeckel, dem Griffelkasten, auf. Aber das war noch nicht alles. Die Schiefertafel hatte ja nur zwei Seiten, eine mit Linien und eine mit Karos. Man musste also regelmäßig alles wieder mit einem Schwämmchen, das in einer kleinen Dose aufbewahrt wurde, löschen. Und schließlich brauchte man noch einen kleinen Lappen, mit dem die frisch gewischte Tafelfläche getrocknet werden konnte, denn auf der nassen Tafel blieb die Schrift schwach und undeutlich. Der Lappen und manchmal auch das Schwämmchen waren mit einem langen Bindfaden in einem Loch im Holzrahmen der Tafel befestigt und baumelten aus dem Schulranzen. Wenn man das Läppchen sah, wusste man, dass alles drin war, was hineingehörte. Es erscheint im Rückblick wie ein kleines, weißes Fähnchen, das an alte Tage erinnert. Denn als die Schultasche aufkam, hatten schon andere Zeiten begonnen und die Schiefertafel und der Griffelkasten wanderten allmählich ins Schulmuseum.

Der Käfer wird ein Welterfolg

Mit Blumen bekränzt und von der Arbeiterschaft bejubelt, rollt am 2. Juli 1953 in einer Feierstunde in Wolfsburg der 500 000. Nachkriegs-Volkswagen vom Band. Und nur zwei Jahre später wird sich diese Zahl schon verdoppelt haben. Der

Käfer wird zum Symbol des wirtschaftlichen Aufschwungs und ist auf dem besten Weg, der erfolgreichste Wagen in der Geschichte des Autos zu werden, denn Anfang der 70er-Jahre wurden bereits 18 Millionen Exemplare verkauft.

Himmel und Hölle und andere Straßenspiele

Himmel und Hölle, Hinken, Hinkeln, Hopse, Hickelhäuschen. Überall wurde es gespielt, aber überall hatte es einen anderen Namen. Man konnte es auch fast überall spielen, weil man nur einen flachen Stein, Platten oder Asphaltboden brauchte und ein Stück Kreide oder einen Stein, mit denen man Striche und Felder (vier längs und drei quer) auf den Boden ziehen konnte. „Das ist ein Mädchenspiel", sagten die Jungen. „Warum?" „Weil es eben nur Mädchen spielen, so wie Seilspringen." Seilspringen kann man alleine, zu zweit, zu dritt spielen. Sobald man nicht alleine springt, kommt es darauf an, dass alle den gleichen Sprungrhythmus finden, im Gleichklang im gleichen Moment vom Boden abheben: leicht, leichtfüßig. Keine musste die Beste sein. Im Gegenteil, das Spiel klappte nur, wenn man gemeinsam sprang, Es gab natürlich auch kein Schubsen und Drängeln. Die Ordnung in der Gruppe war dann besonders wichtig, wenn sie nacheinander von der Seite hineinsprangen. Bei diesem Spiel gab es keine Siegerin, sondern nur den Spaß an der Bewegung und Vergnügen am gemeinsamen Spiel.

Gewinner und Verlierer und zwei Parteien, die gegeneinander kämpften, gab es aber beim Völkerball. Schnell und wendig musste man sein und das Glück haben, nicht getroffen zu werden. Denn es ging darum, dass man von der gegnerischen Partei, die in einem gegenüberliegenden Spielfeld stand und versuchte, durch einen gezielten Wurf mit einem Ball eine von „uns" abzuwerfen, nicht getroffen wurde. Wen es erwischte, der musste das Feld verlassen. Und so ging es weiter, bis eine Partei keine Spielerinnen mehr im Feld hatte.

Richtig ernst wurde es beim Murmelspiel. Dabei konnte man richtig was verlieren, tönerne Murmeln oder kleine und große Glasklicker. Manch eine, die mit vollem Murmelbeutel gekommen war, musste mit halb leerem oder leerem Beutel abziehen, während ein anderer alles „eingesackt" hatte.

Mit Glück und Geschick konnte man viele Murmeln gewinnen

Im Wald und auf der Heide

Wir Kinder und Jugendliche der 50er-Jahre waren in der Natur zu Hause und frei. Unsere Freiheit wurde in den vielen Verstecken, die die Natur uns anbot, gesichert: hoch oben auf den Bäumen oder unten in den Laubhöhlen im Wald. Und wir waren, wenn es um Naturprodukte ging, Selbstversorger. Die Natur war Lieferant für allerlei nützliche Instrumente und Spielgeräte, selbst mancher Lehrer hatte seine Haselnussgerte, die er von Fall zu Fall über die Fingerspitzen unserer ausgestreckten Hände zog. Wenn wir den Freunden oder Freundinnen unangenehme Schmerzen zufügen wollten, nahmen wir die klebrigen Kerne der kleinen roten Hagebuttenfrüchte und ließen sie hinterrücks in ihren Kragen fallen, rieben ganz fest und sagten: „Schadenfreude ist die beste Freude." Ausgehöhlte Stängel vom Holunderstrauch dienten als Blasrohre, durch die man die unreifen grünen Beeren dem „Feind" aufs Auge schießen konnte. Hinterher rauchte man gemeinsam eine Friedenspfeife, die aus einer halbierten, ausgehöhlten Kastanie bestand. Auch unsere Flitzebögen, die wir für unsere Indianerspiele benötigten, waren selbstverständlich weitgehend naturbelassen, ebenso wie die Zwillen oder Zwacken, die aus Astgabeln hergestellt wurden.

Aber die Früchte der Natur waren nicht nur bei Strafaktionen und als Kampfmittel nützlich. Die Mädchen sammelten schöne Farne, Blumen und Blätter und pressten sie zwischen zwei Buchdeckeln oder klebten sie in die Poesiealben. Die Jüngeren flochten sich im Sommer Kränze aus Gänseblumen und Butterblumen und die Älteren versuchten der Ungewissheit einer ersten, schwärmerischen Verliebtheit durch das Abzählen

Der Besiegte kam an den Marterpfahl

von ausgerupften Blütenblättern zu entgehen. „Er liebt mich, er liebt mich nicht, er liebt mich ..." Aber sie wären wohl nie auf die Idee gekommen, auch lebenden Krabbeltieren die Beine auszureißen, wie das böse Buben manchmal taten. Die schön gepunkteten Marien- oder Junikäfer, die sich in der Wohnung „verlaufen" hatten, ließen sie auf ihren Arm laufen und dann in die Freiheit fliegen.

Der Aufstand vom 17. Juni 1953

Der Arbeiteraufstand in der DDR erfolgt vor dem Hintergrund einer tief greifenden wirtschaftlichen Krise. Die SED-Führung versucht im Mai 1953 mit einem Gesetz zur Erhöhung der Arbeitsnormen um 10,3 Prozent die ökonomischen Probleme zu bewältigen. Insbesondere die Arbeiterschaft sieht sich dadurch bestraft. Am 15. und 16. Juni 1953 kommt es auf den Ostberliner Großbau-

stellen zu Protestaktionen. Bald geht es nicht mehr allein um eine Rücknahme der Normenerhöhung, sondern auch um freie Wahlen, die Wiedervereinigung und die Ablösung Ulbrichts. Die Demonstrationen werden am nächsten Tag fortgesetzt und greifen auf die gesamte DDR über. Mit Hilfe der Volkspolizei schlägt das sowjetische Militär die Erhebung blutig nieder.

Herbstzeit – Drachenzeit

Die Herbststürme gingen über das Land. Die Felder waren abgeerntet und die Nachlese war zu Ende. Jetzt gab es überall Stoppelfelder. Es war Drachenzeit. Der Vater hatte die notwendigen Materialien bereits besorgt oder aus seiner gut gehüteten Restekiste im Keller geholt: Klebstoff aus Stärke, Holzleisten, große Papierbögen. Das Tragekreuz wurde zusammengefügt und mit festem Papier bespannt, bevor der Drachenschwanz aus gefalteten Papierresten befestigt werden konnte. „Ja, heute ist Drachenwetter", beantwortete der Vater unsere ungeduldigen Fragen und wir zogen los. Wir kannten das hügelige Gelände, das Drachenberg genannt wurde. Wir wechselten uns ab. Immer einer musste einen Abhang hinablaufen, so dass der Wind unter den Drachen greifen und ihn nach oben heben konnte. Er stieg hoch, tanzte, senkte sich leicht und ging über in einen langen Gleitflug inmitten der vielen anderen Drachen, die von unseren Freunden gehalten wurden. Nur selten stürzte einer jäh ab, wenn ein Windstoß ihn erfasste und aus der Bahn warf.

Zigarettenschachteln, Murmeln, Oblaten – die Sammelleidenschaft war grenzenlos

Wir saßen auf der Mauer an der Ecke und konnten die Autos hören, die gleich um die Biege kommen mussten. Man musste sie an ihrem Motorklang erkennen können. So war die Spielregel. Das ist eine DKW, das ist ein Borgward … Wir kannten sie alle, die Automarken. Wer beim Autoraten verlor, musste bezahlen und eine Karte aus seinem Zigarettenquartett abliefern. So konnte man eine Muratti verlieren, die zu den seltensten und wertvollsten Stücken aus unserer Sammlung der Deckblätter von Zigarettenpackungen gehörte und nur noch von Mokri oder Nil übertroffen wurde, für die man fünf Eckstein oder zehn Overstolz hergeben musste. Unsere Sammelleidenschaft kannte kaum Grenzen. Von der Briefmarke über die Glanzbilder bis zu den Maikäfern. Sie war eng verbunden mit der Tauschleidenschaft. Man musste tauschen, wenn man eine Serie komplett haben wollte. Ein Sammelalbum mit Lücken ließ uns keine Ruhe. Man musste aber auch tauschen, wenn man ein seltenes Exemplar einer Gattung haben wollte. Drei Guppys für einen Schwertfisch, fünf Toner (Tonmurmeln) für einen kleinen und zehn für einen großen Glaser.

Da waren auch die Mädchen dabei, die ja auch gerne mit Murmeln spielten. Ansonsten waren die Sammlungen der Mädchen voller zauberhafter Engel, Blumen, Tierbilder und Märchenfiguren von ihren Oblatenbögen, die in Bücher einklebt wurden und gar nicht so zur Männer-Welt der Autos, Zigaretten und Krabbeltiere passten. Wenn es aber darum ging, ein tolles Auto zu bewundern, in dem man ja auch später mal würde mitfahren können, dann waren sie dabei.

Die Sammelleidenschaft der Mädchen galt Oblaten

Unsere Abenteuerwelt da draußen

„Kinder, geht raus, spielen", sagte die Mutter und war froh, uns loszuwerden. Wir ließen uns das nicht zweimal sagen und stürmten raus, raus aus der Enge. Denn „drinnen" war damals kaum ausreichend Spielplatz vorhanden. Wir mussten uns den Wohnraum nicht nur mit mehreren Geschwistern, sondern oft auch mit anderen Familien teilen. Drinnen blieben wir nur, wenn wir Stubenarrest hatten. Das war die schlimmste Strafe, denn es hieß ja nicht „Geh' auf dein Zimmer", wie das heutzutage sein mag. Wir mussten uns vielmehr in der Wohnküche unter Kontrolle der Mutter aufhalten. Aber das Allerschlimmste war, dass wir nicht dabei sein konnten, wenn die anderen die Welt da draußen eroberten und unsicher machten. Draußen war überall da, wohin wir gelangen konnten. Wir kletterten auf und über Mauern und Bäume und den Kleineren gaben wir dabei immer eine Kletterhilfe, damit sie nicht zurückbleiben mussten. Sie stiegen mit einem Bein auf die vor dem Körper zu einem Trittbrett verschränkten Hände des Größten und konnten so den nächsten Ast erreichen. Allerdings gab es auch für uns Grenzen. Wir hatten unser Revier, das wir verteidigten, und wir wussten, wer dort hingehörte. Das waren die Kinder aus der Nachbarschaft, aus unserer Straße, aus unserem Dorf, aus der Oberstadt. Draußen, das war aber auch die „belebte" Umgebung. Dort waren unser Bäcker, bei dem wir Brötchen holen mussten, unser Lebensmittelgeschäft mit dem Bonbon- und dem Lakritzeglas und unser Schreibwarengeschäft, in dem es die „Schulsachen" und Knallblättchen für die Cowboypistole, die Mickymaus-Hefte und die Karnevalsschminke gab. Meistens kannten wir die Besitzer noch mit Namen. Die Mutter sagte: „Geh' mal schnell zu Klingelhöfers, Milch holen."

Nichts konnte den Kletterkünsten der Jungen widerstehen

Goldköpfchen und Fußballhelden – Kinderfunk und Mickymaus

Eine Seltenheit – Mädchen in der typischen Jungenhose

Die Jeans der 50er-Jahre

Bevor sich die Jeans-Mode so richtig durch-
setzen konnte, gab es die eigentlichen
Alltagshosen der 50er-Jahre. Das waren die
kurzen Lederhosen. Sie durften ebenso wie
die Jeans nicht neu, sondern mussten
speckig sein. Es gab besondere Methoden,
diesen Abnutzungs- bzw. Alterungsprozess
künstlich herbeizuführen. Lederhosen waren
unsere Immer-und-überall-Hosen, mit denen
man auf jeden Baum klettern konnte, die
keinen Fleck übel nahmen. Im Gegenteil,

Chronik

4. Juli 1954
Mit einem 3:2-Sieg über Ungarn wird die Bundesrepublik in Bern Fußballweltmeister.

9. April 1955
Premiere des amerikanischen Films „Jenseits von Eden" mit James Dean in der Hauptrolle.

16. Juli 1955
Im Fridericianum in Kassel wird die erste „documenta", eine Ausstellung zeitgenössischer Kunst, eröffnet.

8.–14. September 1955
Bundeskanzler Adenauer reist nach Moskau und unterzeichnet dort eine Vereinbarung über die Aufnahme diplomatischer Beziehungen und über die Rückführung der letzten deutschen Kriegsgefangenen, die im Januar 1956 zurückkehren können.

23. Dezember 1955
Uraufführung des österreichischen Spielfilms „Sissi" in München mit Romy Schneider und Karlheinz Böhm in den Hauptrollen.

24. Mai 1956
In Lugano/Schweiz findet der erste „Grand Prix de la Chanson" statt. Der internationale Schlagerwettbewerb wird von der Europäischen Rundfunkunion veranstaltet.

1. Oktober 1956
Das „Deutsche Fernsehen" beginnt mit der täglichen Ausstrahlung der „Tagesschau". Die IG Metall erreicht die 45-Stunden-Woche bei vollem Lohn- und Gehaltsausgleich.

21. Januar 1957
Der Bundestag verabschiedet das Gesetz über die Rentenreform und führt damit die dynamische Rente ein.

25. März 1957
Vertreter der Benelux-Staaten, Frankreichs, Italiens und der Bundesrepublik Deutschland unterzeichnen die Römischen Verträge über die Schaffung der Europäischen Wirtschaftsgemeinschaft (EWG), die später in die Europäische Union mündet.

1. April 1957
Die ersten Wehrpflichtigen rücken in die Bundeswehrkasernen ein.

sie waren erst richtig gut, wenn man mit ihnen über Stock und Stein gegangen war. Kein Dornengebüsch konnte ihnen was anhaben und kein Grasfleck war ein Dilemma. Wenn er allzu grün war, konnte man ihn einfach mit Wasser entfernen. Man konnte an den Lederhosen die schmutzigen Hände und das Fahrtenmesser abwischen und sich überall hinsetzen. Sie lagen aber nicht wie die Jeans eng an, sondern man brauchte kräftige Hosenträger, die von großen Hornknöpfen gehalten wurden, und manchmal ein Brustteil mit Wildmotiven hatten. Sie wurden vor allem von den Jungen getragen, hier und da sah man auch Mädchen, die eine Lederhose trugen. Aber eigentlich wurden Mädchen in Hosen nicht akzeptiert. Meistens trugen die Mädchen Röcke und Kleider und nur, wenn es sehr kalt war, trugen sie blaue Trainingshosen unter den Röcken, die innen angeraut waren und am Knöchel mit einem Gummizug geschlossen wurden. Die Tragezeit der Lederhosen war allerdings begrenzt. Sonntags, wenn die Eltern die Kinder zum Spaziergang versammelten, oder beim Kirchgang schickte es sich natürlich nicht, mit kurzen Beinen und speckiger Hose zu erscheinen. Wenn man aus der Schule kam und in die Lehre ging und eigentlich schon ein bisschen erwachsen war, war es in den meisten Fällen auch vorbei mit der Lederhose, die dann oft von den jüngeren Geschwistern übernommen wurde.

Elf Freunde sollt ihr sein

Fußball: immer und überall. Mit hochrotem Kopf und aufgeschlagenen Knien kehrten wir viel zu spät nach Hause zurück und oftmals lag der Ranzen noch dort, wo wir ihn, ohne Hausaufgaben gemacht zu haben, hingeworfen hatten. Gelassen ertrugen wir die Strafen. Aber wir hatten gewonnen. Wir waren die berühmten Straßenfußballer, von denen heute alle reden. Richtige Lederbälle waren teuer. Aber Gummibälle jeder Größe und die kleinen Tennisbälle, mit denen man das Feingefühl, das Fußspitzengefühl trainieren konnte, gab es genug. Besser wollte man sein, besser als die Freunde, die in dieser Situation nur Konkurrenten waren. Wie oft kannst du den Ball mit dem Fuß, mit dem Kopf auftippen lassen? Wie lange hält der Rekord? Wie kommst du auf engstem Raum auf dem Hinterhof oder mit den Unebenheiten der Dorfwiese oder dem unbebauten Nachbargrundstück klar? Aber wenn es dann gegen die wirklichen Gegner ging, gegen die Mannschaft aus der Oberstadt, oder wenn wir am Sonntagmorgen mit unserer Schülermannschaft zum Spiel in die benachbarten Ortschaften fuhren, dann zählten nicht nur Einzelleistungen, dann galt nicht nur alle für einen, sondern auch einer für alle. Dann mussten wir „elf Freunde" sein, die fest zusammenstanden wie die Mannschaft, die das berühmte Wunder von Bern vollbracht hatte.

Das war 1954. Deutschland war Fußballweltmeister geworden und wir waren dabei gewesen und hatten das große Ereignis mit eigenen Augen gesehen.

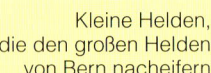

Kleine Helden,
die den großen Helden
von Bern nacheifern

42

Deutschland wird Fußballweltmeister

Im Endspiel um die Fußballweltmeister-
schaft 1954 in Bern besiegt die deutsche
Nationalelf nach dramatischem Spielver-
lauf die favorisierte Mannschaft Ungarns
mit 3:2. Der Torschrei des Reporters
bleibt vielen unvergessen. Held des

Tages ist der zweifache Torschütze
Helmut Rahn. Die Rückkehr der Mann-
schaft nach diesem „Wunder von Bern"
mit Mannschaftskapitän Fritz Walter und
ihrem legendären Trainer Sepp Herberger
gerät zu einem Triumphzug.

Unser akustisches Tor zur Welt

Radio-Zeit

Die frühen 50er waren die Radio-
Zeit. Uns gefiel damals der wunder-
schöne Löwe-Opta-Apparat aus Holz
mit einem magischen Auge, das
anzeigte, ob man die vielen Sender
mit exotischen Namen wie Bero-
münster und Stavanger erreichen konnte. Das war das akustische Tor zur Welt.

Über die Hälfte aller deutschen Kinder unter 14 Jahren hörte in den 50er-
Jahren fast täglich Kindersendungen. Für viele Kinder wurde der Tagesablauf
von den für sie ausgestrahlten Hörfunkprogrammen mitbestimmt. Immer von
14 bis 14.30 Uhr gab es den Kinderfunk. „Heiter sind wir, immer froh, wir und
unsere Tante Jo", so hieß die Sendung im Hessischen Rundfunk. „Onkel
Eduard" erzählte beim NDR Märchen, und „Onkel Tobias vom Rias" lud
sonntagvormittags die „Rias-Kinder" ins Studio.

Außerdem gab es noch den Schulfunk, der weniger lustig als lehrreich war
und bei allen Landesrundfunksendern an jedem Wochentag vor- wie nachmit-
tags (60 bis 90 Minuten) unterhaltsam aufbereitete Informationen für unterschiedliche Schulaltersstufen lieferte: Hörspiele und Dokumentationen zu
sozialen Problemen und zu Themen aus Technik und Naturwissenschaften.
Allwöchentlich gab es auch Empfehlungen für „kleine Leseratten".

Aber Radiohören war auch ein Erlebnis für die ganze Familie. Regelmäßig
versammelten wir uns vor dem Apparat, vor allem, wenn Hörspiele oder wenn
die Fortsetzungsserie „Familie Hesselbach" gesendet wurde. So wie bei
Hesselbachs ging es damals in vielen Familien zu. Streit mit den Nachbarn,

Probleme an der Arbeit, Krach in der Familie. Auch die heute so beliebten Quizsendungen hatten einen Vorfahren im Hessischen Rundfunk. „Hier spricht London. Hallo Frankfurt, können Sie uns hören?" Für uns war die Tatsache, dass man über rauschende Ätherwellen direkt mit London sprechen konnte, ebenso rätselhaft wie viele der Fragen, deren Lösung die Väter im Anschluss an die Sendung erläuterten.

Kirmes, Rummelplatz oder Schützenfest: Das Karussell gehörte immer dazu

Auf dem Rummelplatz

Mindestens einmal im Jahr war Rummel, Messe, Kirmes oder Schützenfest. Ob in der Stadt oder auf dem Land, drei Dinge gab es immer: das Karussell, die Losstände und die vielen Buden mit Süßigkeiten aller Art.

Und häufig für die Erwachsenen ein Festzelt mit Tanz und Bier. Mit dem Kettenkarussell flogen wir in den Himmel und wenn wir scheinbar haltlos nach außen schwebten, hatten wir für einen Augenblick das Gefühl, dass wir nie zur Erde zurückkehren würden. Die Jungen suchten in luftiger Höhe Kontakt zu den Mädchen und hie und da bekamen sie ihre Ketten zu fassen und schwebten für Sekunden mit ihnen zusammen, bis die Schwerkraft sie wieder auseinandertrieb. Unsere kleinen Geschwister drehten sich derweil unten auch im Kreis, aber sie saßen strahlend oder schüchtern-ängstlich von den freudestrahlenden Blicken der stolzen Eltern begleitet auf einem hölzernen Pferd oder in ihrem ersten Auto, das so tat, als befolge es ihre Lenkbewegungen. Aber da waren wir schon weiter und die Jungen standen in den Gondeln der Schiffschaukel, die sie mit eigenen Schwungbewegungen in die Höhe trieben. Die Mädchen standen draußen und bissen in die Zuckerwatte oder den kandierten roten Apfel und warteten wie alle darauf, wer als Erster den waghalsigen Überschlag schaffen würde. Auf der anderen Seite hatten die Wagen der

Achterbahn ihren Höhepunkt überschritten und rasten in wahnsinniger Schuss-
fahrt nach unten in die nächste Schleife. Eine Serie unregelmäßiger Schreie,
die jeweils einem dumpfen Aufprallgeräusch folgten, drang aus dem Metall-
viereck der blitzenden Autoskooter-Anlage. Dicht gedrängt standen wir am
Rand und sahen, wie die Autohelden ohne Führerschein versuchten, die Wagen
ihrer Konkurrenten und deren Begleiterinnen zu treffen, bis endlich fast alle in
eine schier unentwirrbare Karambolage verwickelt waren. Viel dramatischer und
grauenerregender waren die Schreie, die niemand hören konnte, weil sie in den
geschlossenen Räumen der Geisterbahn gefangen gehalten wurden. Wir sahen
nur die entsetzten Gesichter der Besucher, die den Ort des Schreckens verlie-
ßen und die sich nur langsam in einem zufriedenen Lachen entspannten. Da
half nichts. Der letzte Rest des Taschengeldes, den wir eigentlich für eine
Lakritzschnecke aufgehoben hatten, musste geopfert werden.

Erst die Arbeit, dann das Spiel

„Helga, kommst du mit?" „Nein, ich muss erst noch den Abwasch machen und
die Wäsche aufhängen." Die Freundin Marlies konnte das gut verstehen. Sie
wusste, was es hieß, zu Hause zu helfen. Es war selbstverständlich, dass auch
wir Kinder zum gemeinsamen Haushalt beitrugen oder wenigstens unser
Taschengeld selbst ver-
dienten. Helfen oder
mithelfen war kein Fremd-
wort, auch wenn wir uns oft
sträubten. Aber schon
früher hatten wir unseren
Brüdern beim Altpapier-
und Buntmetallsammeln
geholfen: Sie sahen sich

Mithelfen mussten damals alle:
Entweder im Haushalt oder bei der
Ernte oder bei der Betreuung der
kleinen Geschwister

dafür den „Roten Korsar" mit Errol Flynn und wir einen Märchenfilm an. Helmut hatte ein Fahrrad mit einem Drahtgestell über dem Vorderrad, in das jeden Morgen ein großer Weidenkorb voll frischer Brötchen, abgepackt in Papiertüten, gestellt wurde. Schon vor der Schule fuhr er Brötchen aus. Wir halfen der Mutter beim Zeitungaustragen. Sie hatte eine große Umhängetasche mit Zeitungen und wir holten uns unseren Stapel und liefen geschwind in die vielen Gässchen und wussten genau, in welchen Briefkasten die einzelnen Exemplare abgeliefert werden mussten. Auf dem Lande war es selbstverständlich, dass die Kinder ganz in die Arbeitswelt der Eltern „eingespannt" waren und selbst viele Schulen richteten sich in der Erntezeit nach den Regeln der Landwirtschaft. Heu machen, Füttern, Runkelrüben „ausmachen"… Zahllos waren die Aufgaben, die auf dem Hof von der ganzen Familie erledigt werden mussten. Jedes Kind hatte eine Aufgabe, die seinem Alter entsprach.

Lederstrumpf und Mickymaus

Lesebücher gab es in der Schule und man tat gut daran, bis zur Lehre seine Nase mit einer gewissen Regelmäßigkeit in diese Bücher zu stecken.

Aber was haben wir sonst gelesen? Welche guten Bücher haben wir uns zu Gemüte geführt? Ob gut oder schlecht, die meisten richtig dicken Bücher, die keine schulische Pflichtlektüre waren, entsprachen der Gefühlswelt von uns Heranwachsenden, die auf dem Wege waren, das Reich der Kindheit zu verlassen. Es ging um große Abenteuer, um Gut und Böse und um Gerechtigkeit. Deswegen haben wir Karl-May-Bücher, „Lederstrumpf" und „Die Schatzinsel" verschlungen. Deswegen waren wir auf der Seite von Winnetou und Old Shatterhand. Wir haben mit diesem Gefühl auch wild und verwegen als „Indianer" gekämpft. Aber die

Die Schulaufgaben gerieten leicht in den Hintergrund, wenn Tarzan oder Mickymaus auftauchten

Unterwelt der Literatur wurde schon damals von Bilderbüchern aus Amerika bestimmt: Comics! Unschlagbar waren Mickymaus und Tarzan. Und wer kannte nicht Donald Duck und dessen reichen Onkel Dagobert, für den Geiz schon damals „geil" war? Aber es gab auch ein deutsches Gegenstück, das man regelmäßig kostenlos bei Schuh-Salamander bekommen konnte: Lurchi.

Wohin geht, Kapitän, deine Reise?

„Nimm mich mit, Kapitän, auf die Reise. Nimm mich mit in die weite, weite Welt!", sang Hans Albers. Noch gab es die Seemannsroman-tik, noch war die weite Welt nicht nur im Schlager, sondern auch für uns Kinder mit der Fahrt über die Ozeane verbunden und die Bilder

Wer wollte nicht auf große Abenteuerreise gehen, wie der Entdecker Columbus, dessen Schiff auf einem Sammelbild der berühmten Sanella-Alben zu sehen ist

in den Edeka- und Sanella-Alben, die wir leidenschaftlich sammelten, zeigten uns aufregende und abenteuerliche Geschehnisse in fremden Kontinenten jenseits der Meere und weit, weit weg von den bekannten Orten, die wir in dem Schulfach Heimatkunde kennen lernten. Manchmal hörte man von einem Onkel, der von weiter Fahrt zurückgekommen war. In der Vorstellung wollten wir auch dahin, wo es Schwarze, Chinesen mit einem Zopf und Indianer gab. „Bis zum Südpol, da reicht unser Geld!", lautete der Schlagertext. Das Geld der meisten reichte aber auch mit zunehmendem wirtschaftlichem Aufschwung ganz und gar nicht bis zum Südpol. Und die „weite Ferne" lag immer noch im eigenen Land, an der Nordsee, im Schwarzwald oder im Berchtesgadener Land. Und nur nach und nach fuhren wir auch an das blaue Meer, an die Adria und an den Lago Maggiore. Die Kinder unserer Generation, die auf dem Lande wohnten, blieben ohnehin meistens in der Heimat, schon deshalb, weil die Versorgung von Hof und Vieh durch die ganze Familie keine Abwesenheit duldete. Wir fuhren mit unseren Eltern mit dem Zug oder mit der Isabella oder dem Volks-wagen, dem Käfer. Und das Schiff fuhr bloß den Rhein hoch zum Drachenfel-sen, was allemal auch ein großes Erlebnis war.

Strickliesel und Laubsäge

Vielfältig waren die Beschäftigungen in der
Vor-Fernsehzeit an all den Regen- und Nebel-
tagen, an denen man nicht draußen sein
konnte oder in der dunklen Vorweihnachtszeit.
Nur manchmal konnte die ganze Familie sich
streitend und schadenfroh lachend beim
„Mensch ärgere Dich nicht" zusammenfinden.
Aber es wurde nicht nur gespielt, sondern auch „selber gemacht". Die Mädchen haben mit vielfältigen Formen von Handarbeit, mit Stricken, Häkeln, Nähen
zum Teil schon einen durchaus nützlichen Beitrag zur Hauswirtschaft geleistet.
Da wurden nicht nur Topflappen gehäkelt, sondern auch Strümpfe gestrickt und

die eigenen Kleider „verändert". Die
Jungen machten Laubsägearbeiten oder
bauten mit dem Stabilbau- oder Märklin-
Baukasten Kräne und Brücken, und wenn
man eine Eisenbahn hatte, dann musste
man oft mit dem Vater darum kämpfen, wer
die Weichen stellen durfte.

In der Schule war die Aufteilung der
praktischen Fächer ebenso eindeutig
geregelt: zwei Stunden Handarbeit für die
Mädchen und zwei Stunden Werken für die
Jungen. Der Lehrplan regelte die Vorberei-
tung auf ein typisch männliches oder
weibliches Berufsleben.

Der Baukasten von Märklin
war die Bastelwelt der Jungen

Die religiöse Reifeprüfung

Ob arm oder reich und wie groß die Unterschiede auch sonst sein mochten,
Kommunion und Konfirmation haben wir alle noch als ein ganz wichtiges
Ereignis erlebt. Für uns war die Konfirmation ein wesentlicher Einschnitt in
unserem jungen Leben. Die religiöse Reifeprüfung bedeutete, dass man den

ersten bedeut-
samen Schritt in
das Erwachsenen-
leben hinter sich gebracht hatte. Die meisten Jungen trugen damals zum ersten Mal einen Anzug und eine Krawatte und die Mädchen ein schwarzes Festkleid. Und wenn man die Frage „Bist du schon konfirmiert?" mit „Ja" beantworten konnte, wurde man zumindest nicht mehr nur als Grünschnabel angesehen. Eine richtige Prüfung am Ende des zweijährigen Konfirmandenunterrichts, in der festgestellt wurde, wie bibelfest man war, musste absolviert werden, bevor man in der Kirche zum ersten Male zum Abendmahl ging.

Noch viel aufregender war die entsprechende Feier, die Kommunion für unsere katholischen Cousins und Cousinen, denn sie waren ja erst neun Jahre alt, als sie für einen Tag zum Mittelpunkt der ganzen Familie, die von überall her angereist war, wurden. Es war der erste Sonntag nach Ostern, der Weiße Sonntag, als überall in den katholischen Landesteilen das Hochamt der Kommunion stattfand. Es war ein strahlender Tag für die Kommunionkinder, als sie durch das Spalier der Eltern und Verwandten in die festlich geschmückte Kirche geleitet wurden.

Die Mädchen trugen weiße Kleider und einen Blumenkranz im Haar und die Jungen, obwohl sie doch noch nicht mal zehn Jahre alt waren, schon ihren ersten Anzug. Jetzt gehörten sie zur katholischen Welt voll dazu. Die Uhr, die sie ebenso wie viele Konfirmandinnen und Konfirmanden geschenkt bekamen, bedeutete, dass man ihnen zutraute, mehr als zuvor eigenständig ihre Zeit einzuteilen und entsprechende Absprachen mit den Erwachsenen einzuhalten.

Die übrigen Geschenke, die es an diesem Festtag gab, waren nicht so üppig wie in der heutigen Zeit, aber die Freude über die 50 Mark auf dem Sparbuch, das der Vater angelegt hatte und verwaltete, und die spannenden Bücher waren wohl nicht geringer.

Das kleine und das große Einmaleins

„Bis morgen" hieß es, wenn wir uns nach einem langen Spielnachmittag voneinander verabschiedeten. Das bedeutete, dass wir uns alle, oder doch fast alle, am
nächsten Tag um acht Uhr wieder in der Schule treffen würden. Denn die allermeisten Kinder gingen vom sechsten bis zum vierzehnten Lebensjahr gemeinsam in die Volksschule und nur wenige wechselten nach der vierten Klasse in
eine weiterführende Schule. Der Name Volksschule traf deshalb auf die Bildungs-
situation der 40er- und 50er-Jahre recht gut zu.

Noch gab es genügend Zwergschulen, in denen mehrere Jahrgänge zusammen in einer Klasse unterrichtet wurden. Der Lehrer übte mit der dritten Klasse
ein Diktat, die vierte Klasse las eine Geschichte, und die Abc-Schüler der ersten
und zweiten Klasse übten gemeinsam: „Rauf – runter – Pünktchen drauf." Aber
was immer die Schulen landauf, landab unterschied, ein Problem hatten sie bis
weit in die 50er-Jahre gemeinsam: die Raumnot. In den großen Städten gab es
deshalb auch Schichtunterricht und die so genannten Schlüsselkinder.

Was wurde damals in der Volksschule gelernt? Schreiben, Lesen, Rechnen.
Schreiben bedeutete nicht nur das Einüben der Rechtschreibung, sondern
auch „Schönschreiben". Das kleine Einmaleins beherrschte damals wohl jeder,
man musste es bis zur vierten Klasse können. Damals war auch Religionsun-
terricht noch ein Pflichtfach und das Morgengebet gehörte selbstverständlich
in die Schule. „Streberliesel" nannte man die Mädchen, die in „Fleiß" eine Eins
hatten. Die Eltern und später die Lehrmeister sahen aber diese Bewertung
ebenso gerne wie gute Ergebnisse bei den anderen Führungsnoten, die vor
den Noten für die eigentlichen Schulfächer aufgeführt wurden und deshalb
auch Kopfnoten hießen: Fleiß, Ordnung, Benehmen.

Mädchenschicksale: Pucki und Goldköpfchen

Goldköpfchens Schulzeit bedeutete nur einen Schritt auf dem Weg ins Frauen-
leben. Alle weiteren Schritte wurden genau geschildert in den Mädchenbuch-
Serien im Schneider-Verlag, die in den 50er-Jahren gekauft und in den
Leihbüchereien, in die damals noch viele junge Leseratten gingen, ausgeliehen
wurden. Ähnlich wie Goldköpfchen, die schon vor dem Krieg ein Liebling der
Mädchen war, ging es Pucki. Auch ihr Lebensweg wurde entsprechend den
damals vorherrschenden Idealen von der Mutter und Hausfrau geschildert.
Nach Goldköpfchens Schulzeit kam nicht viel später Goldköpfchens Brautzeit
und auch Pucki sollte bald eine glückliche Braut werden, ihr Familienglück
erleben und eine junge Hausfrau und Mutter von drei Jungen werden. Das
Berufsleben spielte in einer Zeit, in der viele Mädchen schon früh anfingen, für
die Aussteuer zu sparen, in den Mädchenbüchern noch keine große Rolle.

Ein wichtigeres Thema war die beste Freundin, mit der man durch dick und
dünn gehen konnte, so wie Erika und Anneliese oder Gisel und Ursel, die
„beiden Glücksmädel", es taten, bevor sie
auch beide ihr Glück im Familienleben
fanden. Das Leben der Mädchen in den
Büchern war eher brav und nur „Hilde,
die Wilde" fiel etwas aus der Rolle und
nahm schon ein bisschen vorweg, was
einige Jahre später die freche Pippi
Langstrumpf tat, die die Welt auf den
Kopf stellte. Sie war, wie die Mädchen in
den frühen 50ern nicht sein durften, aber
ab und zu wohl doch mal sein wollten.

Mädchenschicksale:
Gisel, Ursel und Hilde

Sissi füllt die Kinokassen

*Romy Schneider wird 1955 durch ihre
Hauptrolle in dem Film „Sissi" zum
Liebling deutscher Kinogänger. Noch
zwei weitere Male wird sie auf der
Leinwand die unglückliche österreichi-
sche Kaiserin Elisabeth verkörpern, die*
*sich gegen das steife Zeremoniell am
Hofe ihres Mannes Franz Joseph I. –
gespielt von Karlheinz Böhm – auflehnt.
Für die Schauspielerin Romy Schneider
folgt eine internationale Karriere bis zu
ihrem frühen tragischen Tod.*

Mit Jerry Cotton und Petticoat – erste Liebe und Lehrzeit

Der Frosch mit der Maske

Ein ganzes Jahr fehlte uns damals, 1959, um diesen Edgar-Wallace-Film mit Joachim Fuchsberger sehen zu können. Denn die meisten Krimi- und Gruselfilme waren erst ab 16 Jahren erlaubt. Ganz und gar nicht jugendfrei waren Liebesfilme mit erotischen Szenen. Wer sehen wollte, wie Brigitte Bardot mit den „Waffen einer Frau" kämpfte, der musste 18 Jahre sein, also in einem Alter, in dem die meisten von uns schon ihre Lehre beendet hatten. Aber wir hatten unsere Tricks und Beziehungen, wenn wir z.B. am Samstagabend in der Spätvorstellung den absoluten amerikanischen Gruselschocker „Psycho" von Hitchcock sehen wollten. Jugendfrei aber waren die Musikfilme wie „Conny und Peter machen Musik", in dem der Rock 'n' Roller und Schwarm vieler Mädchen, Peter Kraus, die Hauptrolle spielte.

Chronik

1. Januar 1958
Die „Römischen Verträge" über die Europäische Wirtschaftsgemeinschaft (EWG), einer Vorläuferin der Europäischen Union treten in Kraft.

2. Januar 1959
Die Revolutionstruppen von Fidel Castro stürzen den kubanischen Diktator Battista.

13.–15. November 1959
Auf dem Parteitag der SPD wird das „Godesberger Programm" verabschiedet. Sie vollzieht damit einen programmatischen Wandel zur Volkspartei und distanziert sich vom Marxismus.

21. Juni 1960
Der Leichtathlet Armin Hary läuft als erster Sprinter die 100 Meter in 10,0 Sekunden. In Rom holt er am 1. September olympisches Gold im 100-Meter-Lauf.

8. Juli 1960
Die Tarifpartner der Metallindustrie einigen sich auf die schrittweise Einführung der 40-Stunden-Woche.

13. August 1961
Bewaffnete Volkspolizisten der DDR riegeln Ostberlin gegen Westberlin ab. Der Mauerbau beginnt. Die Mauer unterbricht die in Generationen gewachsenen Verbindungen zwischen beiden Teilen der Stadt.

10. Dezember 1961
Verleihung der Nobelpreise in Stockholm: Den Physiknobelpreis erhält der Deutsche Rudolf Ludwig Mößbauer zusammen mit dem US-Amerikaner Robert Hofstadter.

5. August 1962
Die US-Schauspielerin Marilyn Monroe wird tot in ihrer Wohnung aufgefunden. Die Umstände ihres Todes bleiben ungeklärt.

26. Oktober 1962
Die Spiegel-Affäre: Im Auftrag der Bundesanwaltschaft durchsucht die Polizei die Redaktionsräume des Nachrichtenmagazins „Der Spiegel", weil er sich kritisch mit der Verteidigungskonzeption der Bundesrepublik auseinandergesetzt hat. Die Verhaftung von Rudolf Augstein und seinem Chefredakteur unter dem Verdacht des Landesverrates löst eine große, schließlich erfolgreiche Protestwelle aus.

Die Krimis von Edgar Wallace waren Kassenschlager in den späten 50er-Jahren

Der eigentliche Kinotag war der Sonntag. Denn während der Woche hatten die meisten von uns kaum Zeit, abends ins Kino zu gehen. Heute Abend treffen wir uns am Gloria oder am Roxy, hieß es. Wir traten in einen großen, mit weichen Teppichen ausgelegten Raum. Die Platzanweiserin verkaufte uns das Programm.

Die Beleuchtung war gedämpft, so dass man den Übergang in den ebenfalls schwach beleuchteten Kinoraum kaum wahrnehmen konnte. Der Kinosaal verlief ungefähr zu zwei Dritteln abwärts und dann leicht aufwärts zur Bühne hin.

Vorne waren die billigen Plätze, dann kamen die Sperrsitze, und wer mehr Geld hatte, der konnte den Film sogar oben vom Balkon aus verfolgen. Ein Samtvorhang bedeckte fast die ganze Frontseite des Kinosaals. An den Wänden befanden sich kleine Lampen.

Nachdem wir uns in den bequemen Klappsesseln niedergelassen hatten, dauerte es nicht mehr lange, bis der

Gong ertönte und die Fox-Tönende-Wochenschau, die immer vor dem Haupt-film kam, das Programm eröffnete. Bald darauf begannen schon die Älteren von uns in den hinteren Reihen paarweise den für sie wichtigsten Zweck des Kinobesuchs zu verfolgen.

Lehrjahre sind keine Herrenjahre

„Mit 17 hat man noch Träume", hieß es später im Schlager. Aber mit 14 oder 15 fing für die meisten unseres Jahrgangs schon der Ernst des Lebens an.

Manch einer, dessen Freiheit so plötzlich endete, war nach dem ersten Tag fest entschlossen, nie wieder in den Lehrbetrieb zu gehen. Aber dieses Umstellungsproblem war meist nur von kurzer Dauer.

Schon mit 15 Jahren begann für die meisten die Lehrzeit

Der Verlust der Freiheit bedeutete vor allem, dass Freizeit jetzt noch knapper war als zuvor, zumal man ja oft auch noch zu Hause mithelfen musste. Von Montagmorgen bis Samstagnachmittag dauerte eine Arbeitswoche. Lehre bedeutete aber auch, dass man sich unterordnen musste und erst nach und nach, wenn man im zweiten oder dritten Lehrjahr war, mehr zu sagen hatte. Die Gesellen und die Meister haben uns von Beginn an manchmal sehr handgreiflich klargemacht, dass der Stift im ersten Lehrjahr selbstverständlich den Einkauf für das Frühstück zu besorgen, den Arbeitsraum zu fegen und manch andere Handlangerdienste zu erfüllen habe. Mit der gleichen Strenge haben die meisten von ihnen aber auch darauf geachtet, dass man etwas Vernünftiges lernte und mit den Geräten und dem Material sorgfältig umging. Es ging damals noch viel mehr als heute darum, dass man Pünktlichkeit, Fleiß, Sauberkeit und Ordnung lernte und den Vorgesetzten den nötigen Respekt entgegenbrachte. Wer nicht in der Nähe einer großen Fabrik wie Mercedes oder VW wohnte, der lernte Elektriker oder Verkäuferin in einem Handwerksbetrieb oder einem der Geschäfte in der Nähe. Damals gab es noch fast in jedem Dorf Bäcker, Metzger und Lebensmittelgeschäfte, die Nachwuchs suchten. Und der war in großer Zahl vorhanden, weil drei Viertel unseres Jahrganges eine Lehre machten.

Gastarbeiter

Die 50er-Jahre sind durch einen zuneh-menden wirtschaftlichen Aufschwung gekennzeichnet. Bereits 1960 sind die Kriegszerstörungen weitgehend beseitigt, der Vorkriegs-Lebensstandard über-schritten und nach der Arbeitslosigkeit und Berufsnot in den ersten Nachkriegs-jahren wird Vollbeschäftigung erreicht. Als 1961 der Arbeitsmarkt erschöpft und der Zustrom aus der DDR abgeschnitten ist und zudem der Aufbau der Bundes-wehr dem Arbeitsmarkt Kräfte entzieht, geht die BRD in großem Ausmaß zur Anwerbung ausländischer Arbeitskräfte über. Die ersten Menschen, die als

Gastarbeiter in dieser Zeit angeworben werden, kommen aus Italien, Spanien, Portugal, Jugoslawien. Später auch aus Griechenland und der Türkei.

Wer immer strebend sich bemüht …

Viele von uns waren Fahrschüler. Denn wer in einem kleineren Ort wohnte, aber nach der vierten Klasse in eine Realschule oder auf ein Gymnasium gehen wollte, musste in die nächstgrößere Stadt fahren. Höhere Schulen gab es nicht überall, weil die allermeisten Jugendlichen unseres Jahrgangs ja nur bis zur achten Klasse in die Volksschule vor Ort gingen. Der Wechsel in die Oberschule war oft mit dem Abschied von den alten Freunden verbunden, die einen mitunter sehr schnell spüren ließen, dass man jetzt etwas Besseres sei,

obwohl man doch
eigentlich immer
noch der- oder
dieselbe war.
Dass man in eine
neue Schulwelt
gekommen war, hatte man gleich am ersten Tag der Aufnahmeprü-
fung gespürt. Ängstlich und unsicher saßen wir eine Woche lang im Prüfungs-
raum und versuchten, unter den strengen Blicken der Aufsicht führenden
Studienräte unser Bestes zu geben. Die Jahrgangsstufen, die wir bis zum
Abitur hochsteigen mussten, hatten lateinische Namen, die deutlich machten,
dass wir es mit höherer Bildung zu tun hatten. Wenn man nach neun Jahren
endlich ganz oben angelangt war, was nicht immer ohne Ehrenrunde möglich
war, konnte man sein Abiturzeugnis in einer feierlichen Abschiedszeremonie in
der festlich geschmückten Aula entgegennehmen. Das Schulorchester spielte,
die Abiturienten trugen schwarze Anzüge oder Kleider und der Jahrgangs-
beste hielt eine Rede – in manchen Schulen sogar in Latein – vor der versammelten Lehrerschaft und allen Schülern. Der Rektor sagte in seiner Rede: „Wer
immer strebend sich bemüht, der …" Die kleinen Sextaner saßen ehrfürchtig
staunend auf den harten Stühlen. Viele Stunden unermüdlichen Paukens auf
dem langen Weg bis zur Oberprima lagen noch vor ihnen.

„Marina, Marina, Marina"

Dieses Lied sang Rocco Granata. Es war der große Hit, mit dem die 50er-Jahre
beendet wurden. Wir hatten uns längst an den Klang fremder Namen in der
Schlagerwelt gewöhnt. Aber immer noch war die deutsche Schlagerparade am
wichtigsten und selbst der Rock 'n' Roll, der doch typisch amerikanisch war,
hatte seine deutschen Stars: Peter Kraus mit „Sugar baby" und Ted Herold.

Sicher gab es auch Jugendliche, die Schlager verschmähten und nur klassische Musik oder Jazz hören wollten. Doch überall in den Musikboxen, im Radio, in den Fernsehsendungen samstagabends mit Peter Frankenfeld, hörte man Freddies „Gitarre und das Meer" und „Ein Schiff wird kommen" oder in amerikanischem Deutsch Gus Backus mit dem Lied „Da sprach der alte Häuptling der Indianer".

In der Musikbar konnte man in Ruhe herausfinden, welche der schwarzen Scheiben ein persönlicher Hit werden konnte

Die amerikanischen Hits wie den „Banana Boat-Song" von Harry Belafonte konnte man, je nachdem, wo man in Deutschland wohnte, vor allem in den Sendern der amerikanischen Streitkräfte wie dem AFN hören. Das war die große Zeit von Elvis, der aber vor allem wegen seines berühmten Beckenschwungs bei vielen Erwachsenen verpönt war. Die amerikanischen Rhythmen klangen in vielen Ohren der älteren Generation doch noch sehr fremd. Wie oft mussten wir uns anhören: „Mach' doch die Negermusik aus." Nicht wenig Taschengeld wurde für die kleinen schwarzen Scheiben ausgegeben, die noch auf einem richtigen Grammophon abgespielt wurden. Wer kein eigenes Gerät hatte, der musste sich die Musiktruhe im Wohnzimmer mit den Eltern und dem Rest der Familie teilen. Beneidet wurde, wer einen Zehn-Platten-

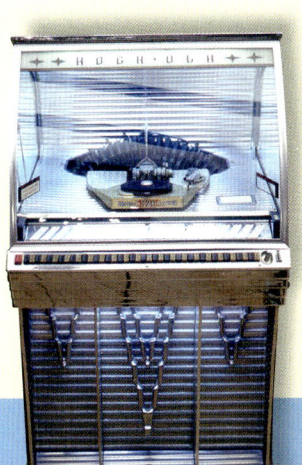

Wechsler besaß. Manche Jungen hatten sogar schon ein Tonbandgerät, mit dem sie das Programm für eine ganze Party mischen konnten. Ansonsten musste man in die Milchbar oder die Eisdiele gehen, in der die glitzernde Musikbox stand, die auf Tastenbefehl (E/3 z.B.) mit ihrem Greifarm den „Babysitter-Boogie" oder „Are you lonesome tonight?" auf den Plattenteller legte.

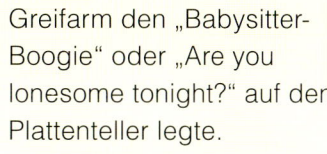

Jukebox und Zehn-Platten-Wechsler führten in die Schlagerwelt der 50er- und 60er-Jahre

Nie wieder Krieg

Nur wenige Themen haben uns Jugendliche in der Zeit zunehmenden Wohlstands politisch bewegt. Aber als die Wiederaufrüstung und die Bundeswehr kamen, waren wir doch alle persönlich betroffen, denn wir mussten uns entscheiden, ob wir statt Wehrdienst einen zivilen Ersatzdienst leisten wollten. Und das war damals mit schweren Prüfungen verbunden. Zwar ist die überwiegende Mehrheit zum Bund gegangen, aber nicht allen fiel die Entscheidung leicht, denn wir gehörten ja der Generation an, die viele Väter im Krieg verloren hatte und es war noch nicht lange her, dass die letzten Kriegsgefangenen aus Russland zurückgekehrt waren. Noch immer konnte man mancherorts die Spuren des Luftkrieges sehen. „Nie wieder Krieg", das war ein Satz, den wohl jeder in unserem Land damals mit tiefer Überzeugung unterschrieben hätte. In dieser Situation wurden die Schrecken der Kriegszeit durch den Film „Die Brücke" unserer Generation noch einmal deutlich vor Augen geführt (mit Fritz Wepper, dem späteren Assistenten von Derrick, und mit Volker Lechtenbrink): Im April 1945 werden sieben Jungen einer Schulklasse zur Wehrmacht eingezogen und zur Verteidigung einer unwichtigen Brücke gegen die anrückende US-Armee eingesetzt. Anfangs betrachten die Jugendlichen ihren Auftrag als „nationale Verpflichtung" und großes Abenteuerspiel, doch schon bald werden sie mit der Realität des Krieges konfrontiert: Fünf von ihnen fallen im sinnlosen Kampf um die Brücke. Als später die – nach Meinung der Jungen wichtige –

Brücke von Wehrmachtssoldaten gesprengt werden soll, stellt sich einer der Überlebenden diesen entgegen. Auch er wird daraufhin erschossen.

Wir konnten damals gut verstehen, warum viele Erwachsene Angst vor den Folgen eines möglichen Atomkrieges hatten und sich den öffentlichen Protesten anschlossen.

Volker Lechtenbrink in dem bekannten Anti-Kriegsfilm „Die Brücke"

Kampf dem Atomtod

Um das Übergewicht der UdSSR an konventionellen Streitkräften in Europa auszugleichen, setzen die USA Mitte der 50er-Jahre verstärkt auf atomare Abschreckung. Großbritannien und Frankreich arbeiten an der Entwicklung von Atomwaffen. Im Dezember 1957 beschließen die Regierungschefs der NATO-Mitgliedsstaaten, die westeuropäischen Armeen mit Mittelstreckenraketen und Atomsprengköpfen auszurüsten.

Daraufhin kommt es in den folgenden Jahren zu großen Protestdemonstrationen. Eine der Leitfiguren des Protestes ist der evangelische Kirchenpräsident Martin Niemöller.

Schon ein Jahr zuvor haben sich 18 Atomphysiker, unter ihnen Otto Hahn, Max Born, Werner Heisenberg und Carl Friedrich Freiherr von Weizsäcker, im Göttinger Manifest gegen die atomare Aufrüstung gewandt, doch die CDU/CSU-Mehrheit im Bundestag beschließt am 25. März 1958, die Bundeswehr mit Trägersystemen für Nuklearwaffen auszurüsten.

Petticoat und Pferdeschwanz

„Wie siehst du denn aus?" Dieser Satz der Eltern konnte unterschiedliche Folgen haben. Er bewirkte entweder ein striktes Verbot bis hin zur Androhung von Strafen oder auch nur ein missbilligendes Kopfschütteln. Die Ablehnung der Eltern und Verwandten und überhaupt der Erwachsenen betraf die neue Freiheit, mit der vor allem die Mädchen und jungen Damen unserer Generation

Petticoats waren ein Muss für die Teenager der späten 50er-Jahre

ihr Aussehen bestimmten: die Beinfreiheit, die Schminkfreiheit und die Freiheit, Abschied von den Zöpfen der Kindheit und den Dauerwellen der Mütter nehmen zu können. Es war der Schwung der Rock-'n'-Roll-Zeit, der unsere Mädchen zumindest äußerlich verwandelte. Ihre Aufmachung machte klar: „Flotter, bunter und auch frecher wollen wir sein und zumindest in Gegenwart der Jungen gehörig auffallen." Wie sahen sie aus, wenn sie ausgingen und die Jungens auf sie in der Milchbar warteten? Die „Grundausstattung" war klar: Petticoats unter weiten, wippenden Röcken und Pferdeschwänze oder schicke Kurzhaarfrisuren. Die übrige Kollektion war vielfältig. Es gab breite, leuchtende Gummi- oder Ledergürtel, Hemdblusen mit Reverskragen, deren Ärmel möglichst weit nach oben geschoben werden mussten. Außerdem gehörten dazu Jeans, Stufenröcke, glockig, gerüscht, Slipper, flache Schuhe in Ballerinaform, Mokassins (mitunter leuchtend rot), Twin-Sets, kurzärmelige Pullover, Jacken, die oft hinten zugeknöpft wurden. Es sollte auch immer ein bisschen raffiniert sein. Dazu gehörten Lidstriche von Margret Astor, Wimperntusche, Lippenstifte. Und dann die Stöckelschuhe mit Pfennigabsätzen, die schon deswegen mancherorts Ablehnung hervorriefen, weil sie das Parkett ruinierten. Zu Hause aber gab es oft Ärger. Am heftigsten war die Reaktion auf das Schminken. Sie war wohl bestimmt von der Angst, dass eine aufreizende Aufmachung den guten Ruf der Familie schädigen und die jungen Männer auf „dumme Gedanken" bringen könne.

Wer ließ sich schon von der Lektüre seiner „Schundhefte" abhalten

Jerry-Cotton- und Perry-Rhodan-Schundhefte

Was gibt es heute Abend? Familie Schölermann! Nein, danke. Eine Familie, ein Fernsehapparat, ein Programm: Mehr gab es nicht. Und viele Familien hatten am Ende der 50er-Jahre noch gar keinen Fernsehapparat. Ausgehen war unter der Woche kaum möglich, weil die Arbeit früh begann und man ohnehin mit dem knappen Lehrlingsgehalt sparsam umgehen musste. Aber zum Lesen reichten die Zeit und der Platz in der engen Wohnung allemal, in der die wenigsten von uns schon ein eigenes Zimmer hatten. Es war die Zeit der Leihbüchereien und Lesezirkel. Jeden Donnerstag kam der Fahrer vom „Lesezirkel Daheim". In einem Anhänger an seinem Fahrrad waren die verschiedenen Zeitschriften in Wochenmappen zusammengestellt. Nicht alle Familien hatten die aktuelle Ausgabe bestellt, weil die natürlich am teuersten war. Es gab Quick, Stern, Neue Illustrierte und Brigitte. Uns interessierten allerdings mehr Romanhefte. Schundhefte wurden sie von den Lehrern verächtlich genannt. 64 Seiten, das konnte man an einem langen Sommernachmittag oder einem trüben Winterabend schaffen.

Unser Held hatte einen Revolver und keinen Colt. Er kam auch nicht aus dem guten, alten „Wilden Westen". Die Zeiten hatten sich geändert. Unsere Helden kamen wie Jerry Cotton aus New York oder sie „kamen aus der Tiefe der Galaxis. Nie hatte man mit ihnen gerechnet ..." So stand es im ersten Perry-Rhodan-Roman.

Tanze mit mir in den Morgen

Wir standen uns in Zweierreihen erwartungsvoll und aufgeregt gegenüber. Zwischen uns war nur das Parkett des Tanzsaals. Die Tanzlehrerin schaute von links nach rechts, klatschte in die Hände und los ging es. So schnell sie konnten, ohne die Anstandsregeln zu verletzen, marschierten die jungen Herren in ihren Konfirmationsanzügen auf die gegenüberliegende Seite. Wenn sie schnell genug waren und Glück hatten, konnten sie die frisch eingeübte Verbeugung vor der Auserwählten machen. Wer nicht fix genug war, der musste sich zumindest an diesem Abend mit der „zweiten Wahl" begnügen. Die jungen Damen konnten ihre Unsicherheit zumeist besser verbergen und schienen ganz unberührt, auch wenn es nicht der Partner war, dem sie heimlich zugeblinzelt hatten. Danach konnten die Tanzübungen beginnen. Denn alle hatten schon in der Anstandsstunde zu Beginn des Kurses mehr oder minder gut gelernt, wie man sich benehmen soll und die Jungen wussten so ungefähr, wie man mit einer Dame spricht, wenn ihnen nicht die schwierige

Der Höhepunkt der Tanzstunde:
der Abschlussball

Situation sowieso die Sprache verschlagen hatte. Aber schon die ersten
Trockenübungen blieben wohl so manchem Mädchen in schmerzhafter
Erinnerung. Denn spätestens bei der Kombination „Schritt-Schritt-Taaangoo-
schritt" traf so manches Fußballerbein die zarten Fesseln der Partnerin. Erst
beim Mittelball hatten die meisten – aber längst nicht alle – so viel Übung, dass
sie auch die wirbelnden Drehungen des Wiener Walzers und die Rhythmen
von Mambo und Cha-Cha-Cha beherrschten. Die Krönung war dann der
Abschlussball, an dem man sich auch vor den Eltern bewähren musste.

„Wir wollen niemals auseinandergehen …

… wir wollen immer zueinanderstehen." Für viele von uns war diese Liedzeile
nicht nur ein romantischer Schwur, sondern der Beginn einer dauerhaften
Liebesbeziehung.

Denn Treue war damals nicht nur ein leeres Wort. Allerdings war auch nicht jeder Kuss schon ein Versprechen für die Ewigkeit und dann war es nur ein schwacher Trost, wenn es hieß, „Liebeskummer lohnt sich nicht". Und eine neue Liebe? So einfach war das nicht, denn es gab nicht so viele Treffpunkte wie heute und zugleich eine strengere Kontrolle durch die Eltern, die vor allem darauf achteten, dass die Tochter pünktlich nach Hause kam. An der Arbeit schmälerte die damals noch strikte Trennung zwischen typischen Männer- und Frauenberufen die Chancen des Kennenlernens und auch in den Oberschulen gab es kaum gemischte Klassen. Vielmehr gab es für Mädchen eine besondere weiterführende Schule, das Lyzeum. Manche haben ihre Liebe gleich in der Tanzstunde oder danach auf einem Ball oder Tanztee oder beim Tanzen auf einem der vielen Feste in den ländlichen Gegenden gefunden. Mitunter war dort mehr los als in manchen Städten: Feuerwehrball, Schützenfest, Kirmes – und immer gab es einen Tanzboden, aber auch viele Augen, die jede Annäherung beobachteten.

Beim Kinobesuch gab die Dunkelheit vielen Liebespaaren Schutz und Tarnung für zwei Stunden.

Manche Liebe aber blühte ganz im Verborgenen, weil die Eltern dagegen waren und man immer damit rechnen musste, dass der Klatsch der Mitwisser, angereichert mit Übertreibungen, alles ans Licht bringen konnte. Die bange Frage für die Mädchen war oft, ob die Eltern wohl den Auserwählten akzeptieren würden. Die Liebe damals musste also mit Verboten leben, vor allem, wenn es um mehr als einen Kuss oder auch Petting ging. Wer das wollte, musste wenigstens verlobt sein. Aber längst nicht alle empfanden das als schlimme Einschränkung. Denn viele der Mädchen unserer Generation wollten durchaus unberührt in die Ehe gehen und selbstverständlich auch in Weiß heiraten.

Eine Liebe fürs Leben?